SOUVENIRS DE L'ARMÉE DE LA LOIRE

JOURNAL DE MARCHE

DU

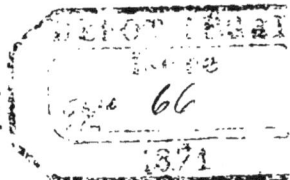

27ᴱ MOBILES, ISÈRE

SUIVI D'UN

RÉCIT SUR LES ÉVÉNEMENTS DE DIJON

Du 27 au 30 octobre 1870

PAR

JEAN REYNAUD

de Corbelin (Isère).

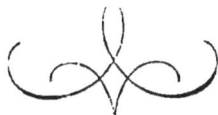

GRENOBLE

TYPOGRAPHIE ET LITHOGRAPHIE MAISONVILLE ET FILS
Rue du Quai, 8

1871

A MES CAMARADES

DU 27ᵉ MOBILES

C'est à vous, mes camarades de régiment, que je dédie ces lignes, souvenirs d'une campagne qui fut longue, laborieuse, marquée de terribles épreuves, mais féconde en enseignements pour l'avenir. Nous avons été de cette armée de la Loire, créée au moment où l'ennemi bloquait la capitale, pénétrait au cœur du pays; de cette armée sur laquelle était fondé l'espoir de la délivrance, qui, victorieuse dans son premier élan, n'a cédé que pied à pied, sous l'effort de masses aguerries, sans cesse renouvelées, et que la France a trouvée debout encore au jour de la signature de cette paix nécessaire. Ce que j'ai vu à vos côtés, je veux le raconter tel que je l'ai vu. Mon récit, — je ne prétends point faire un livre, — sera le compte-rendu fidèle, jour par jour, heure par heure, s'il est possible, de nos luttes, de

nos impressions, de nos joies, de nos tris-
tesses.

Nous avons vu, sur la patrie saignante et
meurtrie sous l'étreinte de l'étranger, s'abattre,
comme pour en achever la ruine, l'hydre de la
guerre civile : soyons calmes, résolus à tous
les sacrifices, tenaces dans nos efforts, aimons
davantage notre chère France, resserrons les
rangs autour de la mère commune, ne formons
qu'un faisceau pour faire face aux dangers à
venir, et disons : « Tout avec Dieu pour la
patrie. »

Corbeiin, ce 1er septembre 1871.

J. REYNAUD.

ARMÉE DE LA LOIRE

JOURNAL DE MARCHE

DU

27ᴇ MOBILES, ISÈRE

PREMIÈRE PARTIE

TOURS. — BEAUMONT. — BEAUGENCY. — TAVERS.
— BLOIS. — MER. — RETRAITE SUR VENDOME. —
BATAILLE DE VENDOME. — RETRAITE SUR LE MANS.
— RÉORGANISATION DE L'ARMÉE. — LE MANS.

CHAPITRE PREMIER

Départ de Lyon. — Camp de Notre-Dame-d'Oë, près de Tours.

I. — Départ de Lyon.

Nous étions si bien au camp de Montchat, près
Lyon : pluie, boue, paille fraîche à trois semaines de date, la même qu'à Sathonay.

Notre camp est assis sur un plan incliné, les

descentes sont donc aisées du sommet à l'ouverture de nos tentes : tant pis pour le portier !

Justement, cette nuit-là (celle du 29 au 30
novembre), la pluie tombait drue et froide comme
par bénédiction. On avait des chassepots depuis
cinq jours, et l'on se doutait bien que l'une des
prochaines tripotées nous trouverait des siens;
mais cette arme ne nous était connue que par
demi-heure d'exercice au retour de la distribution, jamais la cible ne nous avait vus; du reste,
nul signe, nul ordre de prochain départ, et,
cependant, le soldat a si bien l'instinct du
nouveau !

Tout à coup, à trois heures du matin, la nouvelle a fait le tour du camp, rapide comme l'éclair :
« Préparez les sacs, on part. » Les clairons,
sonnant sur le coup, jettent aux intéressés l'ordre
nouveau qui vibre à lui seul comme un éclat de
fanfare : dures oreilles celles qui n'ont pas entendu. On part, c'est fort bien ; changer de place
tous les jours, c'est du métier; mais, où allons-
nous? A Chagny. me répond un sergent. Non
pas, c'est à Tours, me répond l'adjudant, mieux
informé.

Et voilà les tentes à bas en un tour de main,
roulées toutes ruisselantes d'eau, la couverture au
milieu. Qu'importe! les pauvresses sècheront en
route, les couvertures pomperont la moitié de
l'humidité : ces deux amies du soldat sont faites
pour s'entr'aider. Ce matin, nous avons reçu nos

sacs, nos cartouches, une ration de vivres ; ces sacs nous les préparons avec amour, mais pas tout à fait selon les principes : nous étions si novices en fait de paquetage ! De toutes parts les fourneaux s'allument ; les cuisiniers surveillent en conscience la cuisson de la viande de voyage ; certains gourmets la trouveront ce soir *délicieuse*. On est prêt, l'appel donne le résultat *complet ;* à dix heures, bruit de tambours, c'est le premier bataillon qui part ; à onze heures, sonnerie de clairons, c'est le deuxième ; le troisième suivra dans une heure. A midi, tout ce monde se trouve installé dans un immense convoi de vagons de bestiaux : l'administration des chemins de fer n'est pas délicate, et nous ne sommes pas difficiles dans le choix des véhicules de transport. Un quart d'heure après, le sifflet de la locomotive annonce le départ, nous voilà lancés sur la route de l'inconnu !

Tout d'abord nos chants retentissent, puis meurent par degrés : la réflexion amère envahit tout notre être ; le regret du pays, que chaque rotation de la locomotive fait fuir derrière nous, s'éveille au fond de nos cœurs : Lyon, c'était presque le Dauphiné, presque le village natal, la famille. Et demain, l'armée de la Loire nous comptera dans ses rangs : dans trois jours nous marcherons à l'ennemi, nous entendrons le canon gronder, projeter les éclats de ses boulets par dessus nos têtes.

A quand le retour?... Reviendrons-nous?....

Mais, par delà les espaces qui nous séparent de tes ravageurs, au travers des fatigues, des souffrances de toute sorte qui seront pour un grand nombre cause et germe de mort; par dessus les flots du généreux sang qui rougissent ton sol, nous saluons ton image sanglante, ô patrie bien-aimée! Tu nous apparais, en dépit de tes désastres, de ton infortune et de tes larmes, environnée toujours de ta gloire séculaire que ces sauvages s'efforcent de ternir. Ton drapeau flotte dans ta main, c'est le symbole de l'honneur, le souvenir vivant de toi-même absente; c'est à son ombre que nous allons combattre; si, pour toi, il eût été plus doux de vivre, pour toi il nous sera moins amer de mourir. Tel est le rêve où se complait mon imagination, et je rencontre à m'y arrêter je ne sais quelle clarté sereine qui réchauffe mon cœur et élève mon âme!

La nuit protège Saint-Etienne, Roanne, Moulins et autres lieux contre nos regards indiscrets.

Au jour, nous sommes à Saincaize, point de croisement de plusieurs voies ferrées. Le convoi prend la ligne de Bourges. Je salue en passant ces plaines du Berry que Georges Sand a chantées, que les Prussiens ne pourront voir, et dont la Providence a fait comme l'asile inviolable de la vieille nationalité française. A onze heures du matin nous sommes à Vierzon, patrie d'un homme tristement célèbre : Félix Pyat. Vierzon, excellent vin blanc; aussi comme on profite de l'arrêt!

Nous prenons la ligne d'Orléans : terrain rocailleux, bois de sapins, étangs marécageux, et, au loin, quelques troupeaux de maigres moutons; en un mot, la Sologne, tel est l'aspect du pays entre Vierzon et Orléans.

A trois heures du soir, nous traversons la Loire; la cité de Jeanne d'Arc est là, rayonnante encore de sa délivrance, assise sur les bords du grand fleuve qui a vu fuir l'ennemi. Je remarque à côté du pont de pierres, deux ponts de bateaux construits par le général d'Aurelles de Paladine, le vainqueur de Coulmiers. Celui-là, prudent et audacieux tout ensemble, ne livre rien au hasard : le succès ne l'a pas ébloui; il a voulu parer aux revers où se fondent les *jeunes armées comme la glace au soleil*, et qui tournent si vite au désastre. Ces deux ponts de bateaux seront bientôt le salut de l'armée.

Orléans est admirablement situé. Aussi je m'explique très-bien l'importance qu'attachent à sa possession amis et ennemis : nos généraux en ont fait leur base d'opérations dans leur marche sur Paris; les Prussiens en feront le pivot de leurs mouvements contre les forces qui défendent le cœur de la France.

La noble cité nous acclame avec des transports qui tiennent du délire. Je vois une pauvre femme pleurer à notre aspect. Peut-être son unique fils est-il de ceux qui sont morts !

Mais, le temps presse, on repart à toute vapeur. La seconde nuit nous surprend au-delà de Beaugency, aux riches vignobles; nous ne pouvons contempler les magnificences de la rive droite de la Loire.

Consolons-nous : dans quelques jours nous ferons des navettes dans le périmètre de Beaugency, Vendôme et Blois; mais le voyage ne sera pas tout à fait d'agrément.

II. — Tours. — Camp de Notre-Dame-d'Oë.

A onze heures du soir, nous arrivons à Tours; quelques groupes discutent avec animation sur le parcours de la gare au quartier de cavalerie, notre gîte pour la nuit. Je suppose que l'on parle guerre. Nous sommes prévenus que, le lendemain, à dix heures, nous partirons pour une localité voisine. Quelle est cette destination nouvelle? « Tout chemin mène à Rome, » dit un proverbe; on saura bien conduire les agneaux dans une boucherie quelconque. Le matin, dès six heures, nous nous éparpillons comme un essaim d'abeilles par toute la ville. J'essaye de la dévisager au galop : juste le temps de jeter un coup d'œil à la cathédrale qui est belle, à la préfecture où trône Gambetta, en compagnie des organisateurs de la victoire. Les rues de Tours sont larges, régulières ; les maisons de construction correcte et élégante ; de nombreux édifices publics donnent à la ville l'air d'une petite capitale.

J'entre avec les amis chez un marchand de vins ; je saisis, tout en fricotant au galop, les propos suivants, qui réflètent admirablement l'optimisme d'alors de la bonne cité de Tours : « Les Prussiens sont démoralisés, disloqués, « — c'est un cocher qui parle, — douze mille « d'entre eux, coupés du corps du grand-« duc de Mecklembourg, qui opère contre le « Mans, se sont perdus dans une forêt, à dix « lieues d'ici ; mourants de faim, sans espoir de « secours, ils attendent qu'on vienne les pren-« dre (textuel). » Tiens, dis-je à moi-même, quelle bonne aubaine pour notre début dans ces parages ! dix mille prisonniers, et d'un coup de filet, il y a de quoi immortaliser à tout jamais le régiment.

A dix heures, le régiment s'ébranle sur la route de Château - Renaud (direction de Paris). Une heure après, nous sommes en vue d'un système de baraquement en planches : c'est le camp de Notre-Dame-d'Oë, qui commande les hauteurs surplombant la ville du côté du nord. Ce camp n'offre pas un abri d'aspect souriant : pas de paille sous cette toiture en planches, un sol nu et dix degrés de froid bien comptés. La nuit approche, et l'on se prend à regretter le camp, il y a trois jours maudit, de Monchat. L'air vif, la marche, nous ont mis en appétit : ce soir-là, nous ne toucherons pas de vivres. Notre commandant nous dit, comme fiche de consolation, que, si nous avons mangé en deux jours la ration de trois jours, nous n'avons qu'à nous frapper la poitrine. Franchement, je ne m'en doutais pas, vu l'exiguité des portions.

Près du camp, à deux kilomètres environ, s'élève le pénitencier de Mettray, une maison de correction en trois points : c'est le séjour de la discipline pratique pour les insubordonnés précoces. Le pays n'est pas hospitalier, et, cependant, nous sommes au cœur de la riche Touraine, ce jardin, ce paradis de la France, comme parle la géographie. Moi, je préfère le Dauphiné, et de beaucoup.

Je me souviens cependant de certaine soupe à l'ognon que servit gratuitement à mon escouade une pauvre femme des environs. Daigne l'ennemi respecter sa demeure, si jamais il pénètre jusqu'ici !

A onze heures du soir, la paille arrive ; elle prenait bien son temps, une botte pour six hommes ; le quart des bottes est pourri, le fait a été hautement constaté et flétri par nos commandants. Les deux jours suivants, le froid est devenu d'une rigueur extrême. Le soir du troisième jour (2 décembre), un cavalier apporte au colonel un pli cacheté ; nous soupçonnons fort un ordre de départ pour le lendemain. Certain journal officiel de Tours, répandu dans le camp, proclame très-haut « que Ducrot a rompu le cercle de fer autour « de Paris, que l'armée de la Loire, victorieuse, « marche à sa rencontre, » et qu'à peine, nous autres, aurons-nous le temps d'arriver pour le coup décisif. L'ordre de départ existe; un quart d'heure après le camp est consigné. Nous pouvons partir à toute heure de la nuit; je m'endors sur nos préparatifs, et très-profondément. Demain, nous partirons avec le jour.

CHAPITRE II.

Départ. — Journées de Beaumont, de Beaugency, de Tavers et de Josnes. — Mer. — Blois.

I. — Départ de Tours. — Beaugency. — Camp de Beaumont.

Le 3 décembre, avant le jour, le régiment se masse par bataillons sur la route de Tours, face à la ville; le ciel est sombre, le froid intense; on dit adieu au soleil pour ce jour-là. On part content, avec entrain ; il nous semble que, sur les ailes du vent, nous arrivent les grondements victorieux du canon de Ducrot ; voici l'aurore des jours meilleurs. Aussi, avec quelle gaillarde attitude nos hommes traversent la ville ! un bon nombre excitent l'admiration par leur taille vigoureuse, par leur bonne mine. Voici la gare, le train nous attend, train de plaisir, vagons de secondes, même de premières : décidément, c'est tout mollement qu'on nous expédie là-bas. Et, soudain, au moment où le convoi s'ébranle, le soleil apparaît radieux à l'horizon purifié ; nous dépassons un train qui emporte deux batteries d'artillerie. Hurrah ! pour nos braves canonniers ! Nous allons à Orléans rejoindre, dit-on, le dix-septième corps d'armée qui a cruellement souffert dans les derniers combats. Mais, à Beaugency, le convoi s'arrête, et pour de bon ; c'est ici le lieu de descente. Le régiment se range devant la gare, la nuit tombe, et la perspective d'un campement en plein air, par ce froid terrible, n'est pas faite pour nous égayer. Heureusement, la municipalité fait face à tout, en dépit des arrivages incessants de troupes : elle met à notre disposition un vaste couvent désert, humide et sombre. L'absence de tout confortable en ce lieu, fait que nous trouvons plus commode de frapper au cœur des habitants.

Je ne vous oublierai point, généreux habitants de Beaugency : non contents de nous recevoir

dans vos demeures, vous nous avez cédé vos lits,
vous nous avez nourris; mais, en retour, nous
sommes vos obligés, et, dans quatre jours, beaucoup tomberont sous vos murs qu'ils sont venus
défendre.

Dans la nuit du 3 au 4 décembre, les troupes
affluent à Beaugency; la journée du 4 se passe en
famille, au sein de cette excellente population;
mais, à 8 heures du soir, les clairons rappellent,
jetant aux quatre coins de la ville le refrain du
régiment. On se masse sur le quai de la rive
droite de la Loire, en face d'un grand pont dont
une arche a sauté! Une heure après, le régiment
tout entier monte d'un pas rapide la route qui,
partant de Beaugency, conduit sur la gauche, à
Vendôme, par Saint-Laurent-des-Bois et Ouques,
et, sur la droite, à Coulmiers, par Baccon; c'est
par là qu'ont passé nos devanciers de la jeune
armée de la Loire, troupe ardente qui avait le
feu sacré dans le cœur, les héros de Baccon et de
Coulmiers.

La route dessine une pente insensible à partir
de Beaugency. A gauche, de vastes champs on-
dulés, dont la culture alterne du froment à
la vigne; quelques bouquets de bois. Ce sont
les portes de la Beauce, ce grenier de la France.
Plusieurs villages ont fui derrière nous : ceux de
Vernon, de Messas, de Villorceau plus à gauche. A la hauteur de Cravant, nous prenons un
petit chemin de desserte qui, traversant le village

de Beaumont , un hameau de Cravant , nous
amène à droite de la route, sur un plateau relevé
au nord et à l'est en forme de crète. Déjà brillent
les feux d'un régiment de ligne qui nous a devancés.

Il est onze heures du soir, on dresse les tentes,
les piquets n'enfoncent qu'à grand'peine dans le
sol dur comme du fer. On décroche la paille à
certaines meules qui, aperçues dès l'abord, n'ont
pas été oubliées, et bientôt nos grandes maisons
reçoivent leurs habitants. La nuit est claire, par-
semée d'étoiles. Il me semble, — est-ce un rêve !
— que, dans la direction d'Orléans, le canon
vient de déchirer les airs. Enfants de l'Isère qui,
il n'y a que quelques jours, pouviez saluer vos
montagnes , dormez :

L'heure viendra, sachons l'attendre !...

comme a dit le poète.

Notre camp est disposé face au nord-est, ap-
puyé par sa gauche au village de Beaumont.
Nous occupons un plateau peu dominant, qui
s'abaisse en pente très-douce dans les directions
de Baccon et de Meung ; cette pente, complètement dénuée d'arbres sur toute sa surface, est
limitée à l'est par une ligne de bois, fort propre
à masquer des mouvements militaires.

Le lendemain, des troupes de toutes armes
viennent nous rejoindre : d'abord, deux esca-

drons de hussards, qui nous serviront d'éclaireurs ; puis le magnifique régiment mixte de
carabiniers et cuirassiers de l'ex-garde, le régiment des gendarmes à cheval et une batterie
d'artillerie.

J'étais à considérer les nouveaux arrivants,
lorsque des détachements d'infanterie sans officiers, guidés par des gendarmes, traversent notre
camp dans le plus grand désordre. Ils sont, disent-ils, les débris de régiments engagés à Patay
et à Lagny. C'est au nord et un peu en arrière
de Beaugency, dans la plaine de Josnes, sous la
direction immédiate de Chanzy, qu'ils vont se
réorganiser. J'avoue ne rien comprendre à leurs
explications, qui contredisent si carrément les
dépêches officielles et les commentaires des journaux. Mais, devant nous, sont des soldats en
débandade ; la preuve matérielle, crevant nos yeux,
indiscutable, est là : comment la récuser !

Notre confiance baisse ; est-ce donc là cette
armée, disons-nous, que nos gouvernants proclamaient victorieuse, poussant droit sur Paris
avec un si irrésistible élan, qu'à peine notre régiment aurait-il le temps de tremper ses lèvres à la
coupe de la victoire ? Croyez donc aux nouvelles
qu'il importe tant à la politique ou à la situation
personnelle des puissants du jour de faire bonnes
à tout prix !

II. Les Bardono. — Combat de Beaumont.

Aujourd'hui, 5 décembre, bien des choses s'expliquent à demi. On se dit tout bas que le canon de cette nuit pourrait être l'écho des derniers coups tirés par Orléans ; que les Prussiens sont entrés dans la ville à minuit, musique en tête ; que cent pièces de marine ou de position en batterie sur les hauteurs qui forment ceinture autour d'Orléans sont tombées au pouvoir de l'ennemi. On ajoute, conséquence terrible de ces revers imprévus, que l'armée de la Loire, coupée en deux par les journées désastreuses de Patay, des Ormes, d'Arthenay, a été rejetée, partie sur Bourges avec d'Aurelles de Paladines, partie sur Blois avec Chanzy ; que les débris des corps qui ont pu suivre la rive droite de la Loire formeront à Beaugency, sur la ligne de Beaugency à Vendôme, une deuxième armée chargée de disputer le terrain pied à pied pour donner aux renforts de l'armée de Bretagne le temps d'arriver.

La colonne mobile de Tours (général Camô), qui campe à Beaumont, se trouve en première ligne exposée aux prochains efforts de l'ennemi sur la route qu'il suivra dans la poursuite commencée.

Du jour de notre arrivée au camp de Beaumont, le service de grand'garde reparaît ; le 6 décembre, à midi, c'est notre tour. Notre compagnie, 7ᵉ du

2e bataillon, se porte en avant de la ferme très-apparente de la Bourie, au petit village des Bardons, à trois kilomètres du camp, à l'intersection des routes qui mènent sur la gauche au Grand-Châtre et à Baccon, sur la droite à Meung.

Voici à grands traits l'esquisse topographique du village : les constructions occupent le bas de la pente du plateau, inclinée à l'est ; le sol, plat sur une étendue d'à peu près cinq cents mètres, se relève toujours à l'est pour former un mamelon qui masque le village de ce côté et commande le pays environnant.

Un poste établi en cet endroit peut surveiller la plaine dans tous les sens et signaler tous les mouvements de l'ennemi le long de la ligne des bois que j'ai décrite et qui de la Loire remonte jusqu'à Marchenoir sur la limite du Loiret et du Loir-et-Cher.

Pendant notre marche vers les Bardons, le canon gronde à notre droite, dans la direction de Meung. Prussiens et Français se répondent. Une forte reconnaissance ennemie a débouché par la grande route d'Orléans ; un bataillon de gendarmes à pied la repousse non sans pertes : Frédéric-Charles a tâté nos avant-postes de ce côté.

A travers le village, se presse une foule de gens qui fuient l'invasion, c'est là le spectacle de l'horreur la plus saisissante de la guerre. Les uns viennent de Meung, les autres de Baccon ; ces derniers sont unanimes à signaler un corps de quinze cents cavaliers aux environs de Baccon.

La 6ᵉ compagnie de notre bataillon, que nous venons relever, tiraille en avant des Bardons, faisant feu, du haut du petit mamelon, sur les éclaireurs ennemis qui ont poussé au-delà de la lisière du bois. Cette compagnie a pour capitaine un officier plein de fougue et d'entrain, marchant toujours de l'avant, un vrai type d'humour, M. le comte d'Agoult. Il a repoussé avec vigueur les tentatives renouvelées des cavaliers ennemis. Une ferme immense, incendiée lors de leurs premières courses dans le pays, leur sert de repaire. On les voit se glisser à l'ombre de ses hautes murailles.

La nuit est venue. Du côté de Meung, la canonnade a cessé; nous avons relevé la 6ᵉ compagnie, donné la chasse à notre tour aux éclaireurs prussiens qui sont rentrés dans leur tanière.

Un détachement de gendarmes, ceux qui ont repoussé à Meung l'attaque essayée sur ce point, traverse les Bardons pour remonter à Beaumont. Nous serrons la main à un brave compatriote, enfant du Pont-de-Beauvoisin, le capitaine Raquin, dont ses subordonnés font grand cas.

Notre compagnie, la 7ᵉ de numéro, occupe seule le village, qu'elle couvre par trois postes établis avec intelligence par le capitaine Manuel; le plus avancé, commandé par le sergent Rongy, est établi à l'extrémité est du village, en arrière du petit mamelon où veillent deux sentinelles; le second au centre, sergent Rivier, dans un moulin à vent, où couche la moitié de la compagnie ; le troisième, sous le sergent Favier, à l'extrémité sud du village (direction de Meung).

La nuit s'écoule dans une tranquillité parfaite. Qui vive? rondes, patrouilles, voilà le bilan de la première moitié de notre journée de grand'garde. A six heures du matin, les factionnaires donnent l'éveil ; ils ont entendu rouler de l'autre côté de la ligne boisée des trains d'artillerie ; une sonnerie s'est élevée semblable à notre sonnerie de réveil : *et nunc opus animo et pectore firmo* ; c'est l'heure de vigilance, de résolution et de sang-froid, car le moment est fécond en surprises.

A sept heures du matin, la compagnie est sous les armes ; un fort détachement de hulans borde le bois hors de la portée de nos fusils ; un peloton très-espacé s'étant hasardé en avant, une vingtaine des nôtres se déploient aussitôt en tirailleurs et les refoulent dans la ferme qui leur sert de poste d'observation.

La matinée, jusqu'à dix heures, n'offre que le curieux spectacle d'une partie de cache-cache de la part de l'ennemi ; ses éclaireurs dépassent de deux à trois cents mètres à peine la lisière du bois qui s'aperçoit en avant ; ils s'échelonnent avec une rapidité merveilleuse en une ligne immense parallèle à toutes nos positions qu'ils observent à l'aise, s'avançant ou reculant tour à tour, suivant nos manœuvres; trop peu se risquent à portée raisonnable de nos fusils, qui nous brûlent dans la main; on a la satisfaction d'en voir un mordre la poussière.

Un roulement continu, vers la gauche des Bardons, semble indiquer une concentration d'artillerie contre la face nord du camp de Beaumont.

Il est onze heures, une compagnie vient nous relever; nous remontons vers le camp, lorsqu'un boulet, bien pointé, fait voler en éclat les ailes du moulin des Bardons : la compagnie de remplacement ne tarde pas à être rejetée sur nous par un feu violent d'artillerie, dirigé de préférence sur les maisons environnantes susceptibles d'abriter nos avant-postes. Manière d'ajuster son tir.

Le moulin à vent où nous avions couché, une grande ferme située un peu en arrière venaient de prendre feu. Tout fuyait. Je vois une pauvre femme tomber à la porte de sa demeure, qu'elle abandonne en recommandant son âme à Dieu, sans conscience de la grêle d'obus que lançaient les Prussiens. Le spectacle était saisissant et terrible pour nous, jeunes soldats, qui ne connaissions de la guerre que la fusillade d'Essertène promptement terminée. Les obus éclataient au-dessus de nos têtes, projetant leurs éclats sur toute notre ligne de retraite.

Nous touchons au camp; mais cette première journée de Beaugency, autrement dite combat de

Beaumont, mérite une narration spéciale et complète autant qu'il est possible.

COMBAT DE BEAUMONT (7 DÉCEMBRE).

Notre camp, comme je l'ai dit, était assis sur un plateau dont le bord, légèrement relevé en forme de crète, devait masquer nos dispositions de combat et nous couvrir contre l'artillerie prussienne.

Arrivés au sommet de la pente, nous vîmes toutes les troupes du camp rangées en bataille dans l'ordre suivant : un bataillon de chasseurs à l'extrême gauche, sa droite appuyée au village de Beaumont ; au centre le 27ᵉ mobiles (Isère), la gauche de son premier bataillon touchant au même point d'appui; à droite du 27ᵉ mobiles, et sur le prolongement de sa ligne de bataille, deux bataillons du X... de marche j'ai perdu le numéro ; à cinq cents mètres du centre de la ligne d'infanterie, six cents hommes du 4ᵉ régiment de cuirassiers de marche (carabiniers et cuirassiers de l'ex-garde), deux escadrons de gendarmes à cheval, trois compagnies du 27ᵉ mobiles, deux compagnies de la ligne disposées en tirailleurs sur le versant opposé du plateau; les hommes, couchés à plat-ventre, font face au village des Bardons que nous venons de quitter. Notre unique batterie est là, établie sur le rebord de la crête, regardant, mais silencieuse encore, le côté par où doit se démasquer tout-à-fait le feu de l'ennemi. Couverte par une ferme en partie incendiée, elle ne se laissait apercevoir que du village des Bardons; l'ennemi, dans toutes ses manœuvres, devait lui prêter le flanc.

Les artilleurs, impassibles, calmes ainsi qu'à l'exercice, entouraient leurs pièces, chacun à son poste de combat; les maréchaux-des-logis étaient à la hausse chacun de sa pièce, la pointant dans la direction prévue; les officiers, à cheval, derrière la batterie.

La vue de ces hommes, leur calme, leur silence, leur attitude ferme et digne, nous frappèrent; ce spectacle nous réconforta.

Notre compagnie (7e du 2e) reçut la mission de protéger l'artillerie, mission dangereuse, car elle l'exposait tout particulièrement à la grêle des obus ennemis, pendant l'affreux duel d'artillerie qui allait s'engager. Nous fûmes donc rangés derrière les canons, un peu à droite, reliés au reste du bataillon.

Nous étions debout. Depuis une demi-heure, les soixante pièces prussiennes que l'on savait en face de nous avaient cessé leur feu : « *Les inno-centes* » changeaient de position et ajustaient leur tir contre notre camp, que leurs chefs connais-saient dans tous ses plis et replis de terrain. Tout-à-coup, plusieurs sifflements, pareils à une forte brise au travers des branches, nous frappent au visage : c'étaient les boulets dont la pluie stridente commençait, mais nous n'en sommes qu'à la préface ; instantanément (ô manœuvre non apprise, mais instinct de la conservation), nous nous couchons à plat-ventre ; la grêle d'obus continua dense et sans trêve ni répit ; un ouragan de fer couvrait de ses éclats toute notre ligne de bataille, longue mais très-mince ; presque tous les projectiles nous passaient par-dessus la tête, grâce au rebord du plateau qui dissimulait notre ligne d'infanterie, éclatant à huit ou douze mètres derrière nous, un certain nombre à deux ou trois mètres en avant, lançant des cailloux qui ont occasionné des contusions le plus souvent sans gravité. Nous comptions des blessés, mais en nombre fort restreint, eu égard à la quantité de projectiles par lesquels l'ennemi s'efforçait de nous accabler.

Nous n'étions pas précisément à l'aise sous cette pluie trop serrée ; on se retrouvait homme, on envoyait une longue pensée, on disait adieu aux êtres aimés qui, demeurés là-bas, attendaient notre retour.

Et je puis dire, et je dois dire, que sans la mâle assurance, sans l'intrépidité de nos commandants, nous aurions faibli peut-être sous ce feu épouvantable.

Le commandant du 2e bataillon, le nôtre, M. Boutaud, parcourait à cheval tout le front de sa ligne, saluant chaque obus par une saillie toute gauloise, roulant des cigarettes, nous clouant à notre poste de bataille par la contagion d'une bravoure qu'il a poussée jusqu'à la témérité. — Le commandant Vial, du 1ᵉʳ bataillon, a son cheval atteint de deux éclats d'obus : « F…, dit-il, est-« ce que ces gens-là me prennent pour une « cible ? » — Le commandant Cadot, du 3ᵉ bataillon, un homme de tête et de cœur, militaire expert, montrait au milieu de la tempête la sérénité d'un homme se jouant de la mort parce que la mort le respecte.

Le feu de l'artillerie prussienne durait depuis trois quarts d'heure et notre batterie n'avait pas riposté ! Son commandant, un ancien d'Afrique, échappé de Metz, voulait laisser se bien établir la direction de l'ennemi pour ne pas hasarder ses coups. Soudain sa voix s'éleva vibrante : « Canonniers, chargez !… » Et alors les servants, mus comme un seul homme, par une seule volonté, saisirent les écouvillons et les pièces reçurent leurs rations, puis : « 1ʳᵉ, 2ᵉ, 6ᵉ pièces, feu ! » Nos canons tonnèrent tous ensemble, puis : « *Feu à volonté !* » Alors notre batterie se multiplia, chaque homme faisant l'œuvre de dix hommes ; le grondement devint continu, un vrai feu d'enfer, plusieurs coups étaient tirés à la minute ; les servants ne se voyaient pas charger, les porteurs de munitions ruisselaient de sueur, galopaient, la charge de poudre et les boulets sur les bras ; les sous-officiers pointaient chaque coup, plusieurs fumant leur pipe ;

la batterie, transformée en volcan, tirait avec la rapidité de la foudre, tenant tête, *avec six pièces, six pièces, entendez-vous bien, ami lecteur, se chargeant par la bouche, contre soixante pièces se chargeant par la culasse.*

Et il est certain que notre vaillante batterie tira si bien qu'elle démonta plusieurs pièces prussiennes et contraignit les autres à changer trois fois de position ! Oh ! le superbe combat d'artillerie ! Quels artilleurs se trouvaient là, mais pas assez nombreux !... Hommes et chevaux tombaient, les hommes de remplacement accouraient, la batterie tirait toujours ; elle tint tête jusqu'à la nuit, jusqu'au moment où les projectiles, se croisant sur la tête des artilleurs par quatre côtés à la fois, rendirent la position intenable.

L'infanterie prussienne, surgissant à flots serrés du village des Bardons et par la route de Baccon, gravissait la pente du plateau, protégée d'un épais rideau de tirailleurs ; un cercle de feu enveloppait la crête sur tout son pourtour. Le 1er bataillon de l'Isère, chargé de couvrir notre mouvement en arrière, accueillit cette nouvelle attaque par un feu terrible, dirigé avec une admirable précision sur la ligne menacée. L'ennemi subit de grandes pertes et redescendit en désordre la pente du plateau de Beaumont. Le spectacle était saisissant ; ce grand bruit de bataille montant au ciel avec les âmes des soldats tombés, et par intervalles, dominant la fusillade, retentissait la **voix**

forte du commandant Vial, du 1er bataillon, criant
en avant! excitant ses hommes au combat. — A
six heures, le feu cessa de part et d'autre comme
d'un commun accord ; la fanfare du 1er bataillon
joua la *Marseillaise*, et l'ennemi, qui en saisissait
les accents, répondit par la marche de Schubert
et par le chant national de la *Garde sur le Rhin*.
On se retira quand et comme l'on voulut sur les
villages qui sont à l'est de Beaugency, où les
renforts concentrés pendant la nuit nous permi-
rent de livrer le lendemain la grande bataille de
Beaugency, l'une des plus meurtrières pour les
Prussiens qu'ils aient eu à soutenir depuis leur
entrée en France, bataille qui fut indécise de
l'aveu même de l'ennemi lui-même, et à la suite
de laquelle notre aile gauche et notre centre ont
couché sur leurs positions. Mais j'anticipe sur
mon récit de demain 8 décembre; nous avons
marché, beaucoup marché depuis Beaumont; il
est minuit et la fatigue et aussi les émotions m'ont
donné grande envie de dormir.

III. — Bataille de Beaugency.

Je n'étais point dans les secrets des dieux. Je
n'ai donc pas la prétention de dénombrer les corps
présents à l'action d'aujourd'hui, 8 décembre,
d'analyser les dispositions prises en vue de la
bataille; en un mot, de donner une narration

discutée de la rude journée de Beaugency, dans son ensemble. Mon récit sera de ce que j'ai vu, rien de plus, rien de moins.

Nous avons dressé nos campements à minuit, à trois ou quatre kilomètres en avant de Beaugency, au sud du petit village de Vernon, sur un terrain vague, incliné, d'assiette difficile, mais sec et ferme.

La nuit a été d'une rigueur sibérienne : il est tombé quelque neige, instantanément congelée ; et lorsque, à quatre heures du matin, l'ordre est donné d'abattre les tentes, nos mains se glacent à la besogne.

Hâtez-vous, l'ennemi approche, pressez les dispositions de combat. Un pressentiment nous domine, c'est que l'affaire d'hier n'a été qu'un jeu d'enfants comparée avec celle qui se prépare. Les troupes ont afflué sans relâche pendant la nuit. Tous les villages compris entre la ligne de Beaugency, de Saint-Laurent-des-Bois et la ligne de Mer à Josnes, sont occupés par les renforts venus de Tours et du Mans.

Chanzy, notre général en chef, est parvenu, au prix d'efforts inouïs et d'une admirable volonté d'organisation, à grouper les débris de Patay, de Loigny, d'Arthenay; à les réorganiser, à les encadrer, à donner un corps et une âme à cet ensemble d'abord tumultueux et confus; il anime de son souffle sa jeune armée.

Mais devant nous s'avance, avec toute l'assu-

rance de ses nombreux succès, de toute la force
de ses masses disciplinées, de toute la puissance
de sa formidable artillerie, l'armée prussienne,
triplée par les renforts venus de Metz, conduite
par le plus remarquable général d'action de la
Prusse, le prince Frédéric-Charles, le meilleur
bras de cette armée, dont de Moltke est la tête.

Dès cinq heures du matin, le **27e** mobiles se
trouve disposé dans l'ordre suivant : le 1er bataillon, en réserve, dans le village de Vernon ;
les **2e** et 3e bataillons massés sur trois lignes, au
nord du même village, sur une large élévation de
terrain qui domine la gauche de la route par où
nous sommes venus de Beaumont.

Devant nous, embrassant l'horizon, s'étend le
plateau de Beaugency, qui n'est qu'une fraction
du plateau d'Orléans, géographiquement défini :
ligne de partage des eaux du bassin de la Loire
et du bassin de la Seine. Ce plateau est marqué
par de fortes ondulations du sol, fort propre à
masquer et à *défiler* des mouvements militaires.

Nos chefs ont besoin de tout leur sang-froid, et
nous, de toute notre énergie, en face de l'ennemi
mobile et rusé qui manœuvre contre nous ; il est
fécond en surprises imprévues, et nous sommes
des soldats si jeunes!

Notre ligne de bataille, — autant que j'ai pu
en juger par les informations recueillies autour
de moi, — s'étend le long du versant est du plateau de Beaugency, remontant des environs de

Meung à Saint-Laurent-des-Bois, sur la limite de la forêt déjà célèbre de Marchenoir, en un point où se croisent les routes qui mènent de Beaugency à Vendôme et à Fréteval, et de Beaugency à Châteaudun et à Arthenay et Toury, par Auzouer-le-Marché.

L'armée est adossée à des points d'appui d'une force sérieuse, parfaitement reliés l'un à l'autre : Saint-Laurent-des-Bois, Beaumont, Cravant, Messas, Langlochère, Villorceau, Vernon ; dans quelques instants cette longue ligne retentira du bruit de la bataille.

A la gauche du 27ᵉ mobiles, et se prolongeant jusqu'à Messas, est venu, dès huit heures du matin, se ranger notre camarade, le régiment de marche d'hier. Deux batteries d'artillerie, disposées en avant de la ligne d'infanterie, commandent et prennent d'écharpe la route pour assurer nos mouvements en cas de retraite.

A huit heures du matin, notre compagnie se trouve éparpillée en tirailleurs, à cinquante mètres au-delà et sous le feu de l'une de nos batteries, position des plus intéressantes qui nous permet de recevoir les caresses amies et ennemies !... Je confesse que j'avais le cœur serré ; s'il s'en est rencontré de biens gais à ce moment-là, je leur paierai cher une petite dose de leur impassibilité.

La canonnade a commencé dès sept heures du matin ; la fusillade est très-vive, mais lointaine encore. C'est sur Saint-Laurent-des-Bois, point nord extrême de nos positions, et défendu par une division du 21ᵉ corps, que l'ennemi dirige ses premiers efforts ; nul doute qu'il ne s'efforce de pénétrer jusqu'à Marchenoir, et de là sur Josnes ; de prendre ainsi nos positions à revers, de renverser ainsi notre aile gauche sur notre centre, et de nous acculer à la Loire.

L'action, vers dix heures, tourne du nord à l'est, en face de Cravant, de Beaumont et de Villorceau, c'est-à-dire vis-à-vis de notre centre. La première attaque de l'ennemi a donc échoué, et toutes les tentatives contre ce côté de nos positions resteront toute la journée impuissantes.

La mêlée devient, à partir de dix heures, d'une intensité extrême, montant toujours. Le 1ᵉʳ bataillon, vigoureusement dirigé par le commandant Vial, détache en avant de Vernon, et à tour de rôle, deux compagnies qui, bien disposées, balayent, par un feu terrible et persistant, tous les abords du village ; il rend la position intenable à tous les partis ennemis qui se portent sur Vernon.

Les pertes du 1ᵉʳ bataillon, grâce à cette intelligente direction, furent très-légères. Là, brillèrent les capitaines Lentz, Brun, de Maximy, Perron.

Le 3ᵉ bataillon se porte sur Messas, en soutien du régiment de marche.

Notre 2ᵉ bataillon se dirige à droite de Vernon,

en arrière d'un plateau qui s'étend vers la Loire ; il est séparé du reste de la division par un ravin d'une certaine profondeur, dit ravin de Vernon, et courant de ce village à Beaugency.

Une de nos batteries de réserve porte son appui à nos batteries du centre, et notre compagnie, qui a suivi le mouvement, passe du rôle de tirailleurs en avant de l'artillerie à celui de réserve d'artillerie, ainsi qu'à Beaumont.

Les mobiles de la 7e assistent, dès ce moment, en spectateurs intéressés et pendant quatre heures, au plus infernal concert, à la lutte la plus acharnée que puisse rêver un poète chantant les fureurs et les déchaînements du dieu des batailles. A trois cents mètres de nous, les éclats et le crépitement de la fusillade, les salves grondantes de nos canons roulant comme un tonnerre continu, le ronflement strident des mitrailleuses se mêlent et se confondent sans interruption ni trève, formant un tout d'une sublime horreur.

On se battait avec une ténacité, une énergie sans égales. Nos batteries du centre rendaient coup pour coup à l'artillerie prussienne établie en position parallèle, et qui devait être formidable, à en juger par la grêle de projectiles vomis sur nos canonniers. Nous étions obligés, pour ne pas être fauchés par les boulets, de nous jeter à chaque instant à plat ventre, comme la veille à Beaumont. On ne savait pas, mais on a appris, par

2

une cruelle expérience, la précision des canons prussiens, surtout alors qu'ils allongent leur tir.

Il est deux heures, notre armée n'a pas perdu un pouce de terrain ; bien loin de là, les batteries de l'aile gauche et du centre dessinent un mouvement en avant. L'élan envahit les réserves, qui se demandent pourquoi elles demeurent immobiles. « Pousser, pousser encore de la pointe, » tel est le cri général.

Oh ! quelle joie immense, écrasante, que la joie née du pressentiment de la victoire commencée ! Quand on a été sous le coup de malheurs immérités, dont le souvenir monte à la gorge comme pour l'étreindre, on salue si gaiement l'aurore des jours meilleurs ! toutes les illusions se prennent pour des réalités !

Mais, nous comptions sans les imprévus, sans les méprises, qui ont joué durant cette guerre un rôle si funeste, et fait tourner contre nous, le soir, nos avantages du matin.

A l'extrême droite de notre ligne de bataille, en deçà de la voie ferrée qui court parallèlement à la Loire et à la grande route d'Orléans à Tours, le sol, un instant déprimé profondément, se relève pour former un plateau isolé, qui, surplombant le fleuve, s'étend jusqu'à Beaugency. Ce point, très-important, n'est gardé qu'en partie : le chemin de fer et la route n'ont pas vu un soldat français de la journée.

Le 2e bataillon, dont le rôle d'éprouvé com-

mence dès ce jour-là, isolé du 3ᵉ, dirigé sur
Messas, a mission de défendre à tout prix le ravin
de Vernon (qui n'est que la dépression profonde
ci-dessus décrite), et de borner là son action.

Les six premières compagnies (la nôtre est en
soutien d'artillerie) se sont massées, en vue d'une
attaque de front, au fond des carrières de pierre
qui bordent le nord du plateau comme par une
tranchée continue.

Beaugency n'entrait pas, paraît-il, dans le plan
de la bataille. Et voilà que, toujours admirablement renseigné par ses éclaireurs, l'ennemi, qui
a tourné Vernon par la grande route non occupée,
a défilé en masse à la faveur du remblai du chemin de fer, poussé droit jusqu'à Beaugency, qui
se trouve pris sans coup férir, pendant qu'une
forte colonne, détachée de son aile gauche, s'est
emparée du plateau qu'elle couvre d'innombrables tirailleurs; ceux-ci marchent avec célérité
contre Villorceau, manœuvrant de façon à rejeter
notre aile droite sur Beaugency comme dans un
traquenard prêt d'avance.

En même temps, la division Manstein, du
10ᵉ corps prussien, tenue en réserve à Meung,
apporte son concours à l'ennemi, qui redouble
d'efforts contre notre aile droite.

A ce moment critique, notre deuxième bataillon reçoit l'ordre de repousser la nouvelle
attaque des Prussiens qui, déjà, touche aux
carrières.

Il s'élance en masse du ravin sur le plateau, courant plutôt que marchant, avec une fougue et un entrain que tous les témoins disent avoir été superbes, et que Chanzy a hautement attestés dans son histoire de la deuxième armée.

Une fusillade très-vive s'engage à soixante ou quatre-vingts mètres au plus ; les Prussiens hésitent devant cette furie, puis reculent en se dissimulant sous la protection de leurs batteries établies sur le chemin de fer et balayant tout le plateau.

Les nôtres cherchent cet ennemi invisible, mais qui, caché, les mitraille en toute sécurité ; ils prennent le parti d'étouffer dans son foyer même la cause de ces redoutables effets, et se précipitent à la baïonnette contre les batteries prussiennes.

Toutes les compagnies font des pertes, plusieurs sont cruellement éprouvées. On va à la fourchette : les tirailleurs prussiens sont rejetés au-delà du chemin de fer, mais au prix de quelle rage, grand Dieu ! Officiers, le sabre au poing, sous-officiers, enlevant les soldats, le bataillon, avalanche roulante, vient donner en plein contre les canons ennemis, qui éclaircissent cruellement ses rangs.

En tête des plus intrépides, se firent remarquer les capitaines d'Agoult, Magnin, de Buffières, Boyer ; les lieutenants Guigues, Genin, Roche, de Franclieu ; les sergents Vial, dont le sabre-

baïonnette ruisselait de sang, Demare, Coindre,
Trouilloud et tant d'autres dont je ne puis citer
les noms, ne les connaissant pas; puissent-ils me
pardonner : il leur reste le sentiment du devoir
accompli, de la bravoure hautement attestée par
les acteurs de cette grande journée !

Sept officiers du bataillon tombent blessés : le
commandant Boutaud, héroïque pendant ces deux
journées consécutives, a la hanche traversée d'un
coup de feu. Son sabre nu pendant à son bras,
son revolver armé dans la main, entraînant sur
son cheval, il électrisait ses hommes, et dit, au
moment de sa blessure : « F..., je suis touché ! »
Il resta longtemps à cheval encore, et se rendit,
à cheval, à l'ambulance.

Il s'est rencontré là une de ces méprises qui
ont fait tant de victimes parmi les jeunes troupes :
un détachement ennemi, surpris par notre brusque attaque, leva les crosses en l'air, et comme
un certain nombre, trop confiants, s'avançaient
sans tirer pour les prendre, une fusillade à bout
portant jeta la mort dans leurs rangs.

Cependant, l'artillerie prussienne augmente et
précipite son feu : le deuxième bataillon se masse
à nouveau dans les carrières. Le capitaine Boyer
a remplacé le commandant Boutaud.

A trois heures, notre compagnie est venue
rallier le 2e bataillon; nous remontons tous ensemble sur le plateau, uniquement pour recevoir
les volées de mitraille et les coups de feu d'un

ennemi insaisissable. Le feu redouble contre Vernon.

C'est à ce moment que j'ai entendu le capitaine d'Agoult, demandant à sa compagnie un dernier effort, lui dire : « Vous avez beaucoup souffert, « vous êtes réduits d'un bon tiers; qu'importe? « faisons notre devoir jusqu'au bout! »

A la nuit, une vive fusillade est dirigée de Beaugency contre nous; nous sommes coupés de notre ligne de retraite. La nouvelle de l'occupation de cette ville nous fait craindre d'être enveloppés; nous partons, en soutien de l'aile droite, qui faiblit sensiblement. Le mouvement en arrière ne tarde pas à devenir général de ce côté, mais dans un ordre parfait; chaque pied de terrain est disputé avec acharnement, et la nuit est profonde quand nous évacuons tout à fait nos positions de l'aile droite. Notre canon gronde toujours à l'aile gauche; c'est lui qui, ce soir-là, a dit le dernier mot.

Les 2e et 3e bataillons, enfin réunis, prennent à travers champs, dans la direction de Mer, où le général nous envoie chercher les vivres dont nous manquons depuis trois jours. On chemine à grand'peine au milieu des vignes qui brisent à chaque pas les rangs; on s'arrête par intervalles pour se reformer à peu près; on emporte à bras d'homme quelques blessés qui se sont traînés jusque-là.

L'horizon est terrible par cette nuit froide et claire qui éclaire notre retraite, protége nos mouvements. Les villages de Vernon, Cravant, Messas, Langlochère sont en feu; l'incendie des fermes isolées vient y mêler sa clarté sinistre. Pauvres gens qui les habitez, qu'avez-vous donc fait pour subir un pareil sort! Par delà ces villages, brillent les feux de l'ennemi, qui bivaque tout près.

Le bruit court (fatalité inexplicable!), qu'un régiment de mobiles, entré dans Beaugency, qu'il croyait en notre pouvoir, y a été mitraillé ou pris; qu'une de nos vaillantes batteries a été victime d'une semblable erreur.

Nous sommes sur la grande route de Mer, on appelle les camarades, on se compte : ces appels, au soir d'une bataille, ont quelque chose qui serre le cœur et élève l'âme.

Parmi tous ces absents, dont la destinée n'est pas connue, les uns sont morts; leur souvenir vivra pieusement dans nos cœurs. D'autres, qui ne sont que blessés, se tordent sur le sol durci, à la merci d'un docteur prussien; ces derniers sont les plus à plaindre. D'autres errent, à la recherche de leurs régiments, exposés à chaque pas aux patrouilles ennemies.

Nous n'avons mangé, en ces deux jours, qu'une ration de viande, le matin de Beaumont. Nous nous sommes battus (les 6e et 7e compagnies) trois jours de suite, et, comme bouquet et morceau de la fin, on nous a servi une marche de cinq heures, dans les conditions que l'on sait; aussi, deux voitures de pain stationnées à l'entrée de Mer, sont-elles pillées sans merci, en dépit des lamentations du pauvre *arriéro*.

« Ventre affamé n'a pas d'oreilles, » dit un proverbe ; c'est à l'intendance d'organiser correctement son service.

Je vois le lieutenant Genin, de la 4ᵉ, donner son pain à un soldat.

IV. — Mer. — Bombardement de Blois.

MER.

Il est onze heures et plus lorsque la petite ville de Mer nous reçoit dans ses murs. Comment abriter toute cette multitude mourant de faim, grelottant de froid, exténuée, à bout de forces ? On se précipite sans ordre ni direction aucune à la recherche d'un gîte : halle, cafés, maisons particulières, tout est bon. On envahit tout, on se loge de gré ou de force. Un certain nombre de nos hommes se couchent, et Dieu sait où, sans avoir rien mangé depuis deux jours !...

A quatre heures du matin, les sonneries du départ nous réveillent en sursaut. « Beaugency, « nous dit-on, a été bombardé pendant la nuit ; « toutes les troupes stationnées à Mer se dirigent « sur Blois. »

Je cherche un officier en vue de renseignements

plus sûrs, point. Je cherche mon régiment : il s'agissait bien de régiment ! Notre 1er bataillon, si brillant à Beaumont, n'a pas suivi ; on est très-inquiet de son sort. Peut-être est-il de ceux qui ont été victimes de la fatale méprise de la nuit ; une batterie a été démontée et prise à l'entrée de Beaugency, un régiment de mobiles, ceux du Cantal, je crois, y ont été surpris ou massacrés.

Des tronçons multiples de quinze, dix, six ou huit hommes s'acheminent sur Blois. Je me trouve à la tête de cinq hommes de la compagnie. Tous ces petits détachements font halte à Ménars, joli petit village situé à égale distance de Mer et de Blois ; l'ardeur qui brûle leur gosier, bien plus qu'un commandement quelconque, les arrête en ce lieu, où abondent les cabarets.

Là, on tâche de s'orienter, de saisir un ordre de direction commune, mais en vain ! On se décide à pousser jusqu'à Blois pour y attendre des ordres ultérieurs définitifs. Et l'interminable défilé recommence, chaque homme redevient son chef. Je dois dire toutefois que les fractions de compagnie qui s'arrêtèrent à Ménars furent groupées et réunies en un petit bataillon sous le commandement du capitaine Manuel, de ma compagnie.

A onze heures, nous arrivons à Blois, qui fourmille d'uniformes de toutes couleurs. J'ai le bonheur d'y trouver une quarantaine d'hommes de la compagnie qui nous ont devancés et notre lieutenant Guillet, l'ami, le camarade du soldat :

un officier, par ce désarroi, c'est un palladium. Blois : ordres, contre-ordres, allées et venues, changements de domicile, voilà pour la journée du 9 décembre. Quatre cents hommes environ du régiment qui s'y trouvent sur le soir réunis sont cantonnés dans la halle aux blés. De la halle, nous sommes transférés dans l'église humide et sombre de Saint-Nicolas. Toute la nuit, les estafettes parcourent la ville porteurs d'ordres souvent contradictoires. A quatre heures du matin, une forte détonation nous annonce que le magnifique pont de la Loire a sauté.

Sur les deux routes qui, longeant la Loire, se rejoignent au pont d'Amboise, c'est un défilé incessant de troupes de toutes armes ; ce sont les débris de certains corps écrasés dans les dernières batailles, et aussi certains fuyards de Beaugency qu'on dirige sur Tours et de là sur le Mans pour essayer d'une réorganisation. Les cinq cents hommes du régiment qui, faute d'ordres précis, sont venus à Blois, se rangent sur le quai de la rive droite, présentant seuls le spectacle d'une troupe disciplinée au milieu de cette débandade. On nous assure que le régiment a filé sur Tours par un convoi spécial ; s'y rendre paraît tout naturel.

Pendant que l'on délibère sur le parti à prendre, le canon ennemi tonne contre la ville ; il ne s'agit plus de Tours, il s'agit de défendre Blois, position de grande importance par sa tête de pont et

centre du réseau des routes de Tours, de Vendôme, de Château-Renaud. Cette ville fut passablement pillée, réquisitionnée ; quelques-uns de
ses notables furent gardés comme otages par
Frédéric-Charles ; triste sort qui fondit sur la
ville, malgré les promesses de repos, d'inviolabilité
que lui faisait une prophétie antique !

La présence subite des Prussiens devant Blois
est le résultat de leur marche foudroyante, hâtant
ses coups depuis la reprise d'Orléans. Maîtres de
cette dernière ville, ils ont poussé leur aile droite
tout entière contre Chanzy, qui se retire sur la
rive droite du grand fleuve, tandis que leur aile
gauche d'un côté refoule sur Bourges les débris de
l'armée de d'Aurelles, et de l'autre côté, par la
rive gauche, tourne Mer sur lequel il envoie
quelques obus stériles, et s'avançant par la crête
du plateau, entre le Cosson et le Beuvron, dépasse
les réserves dernières de la deuxième armée de la
Loire. Le nombre écrasant de l'ennemi lui a
permis de commencer la marche tournante par
laquelle il espère envelopper l'armée de la Loire
et de se porter par Chambord à la hauteur de
Blois.

Notre détachement gravit précipitamment les
hauteurs qui couronnent les dernières maisons de
la ville et les casernes ; il se joint à une colonne
de trois mille fantassins, d'une batterie d'artillerie
et cinquante à soixante cuirassiers ; le tout se range
en bataille parallèlement à la route de Mer, face à la

Loire; notre droite touche aux casernes, notre gauche s'appuie à un grand clos qui descend jusqu'à la Loire.

Par-delà la rive gauche du fleuve, à mi-côteau et sur les pentes adoucies qui du château de Chambord s'abaissent à la Loire, nous distinguons parfaitement les lignes ennemies et la position de leurs batteries tirant à toute volée : elles couvrent de projectiles la route de Mer par où s'était effectuée la retraite sur Blois. A trois heures, elles concentrent leur feu sur les maisons des faubourgs dont quelques-unes s'enflamment. Nous subissons en peu de temps des pertes sensibles ; trois mobiles de mon régiment tombent frappés par le même boulet. Le tir de l'ennemi était d'une sûreté, d'une précision extraordinaires ; on eût dit, tant ses boulets pleuvaient sur la route, qu'il avait une carte de tir graduée pour chaque mètre. « Comment « riposter, nous disait un artilleur de l'unique « batterie qui fût avec nous, nous n'avons pas une « pièce contre dix !... »

Notre colonne (colonel Thierry, l'un des sauveurs de l'armée à Patay) a pour mission de se porter sur Mer, à l'effet de garder le pont de Mer et de renforcer les troupes qui occupent la ligne de Mer à Vendôme.

Obligée de se soustraire à la canonnade de l'ennemi, contre laquelle la distance la rend impuissante, la colonne se jette dans les ravins parallèles au chemin de fer, encaissés entre la route et la voie ferrée.

Nous formons l'arrière-garde de la colonne ; les éclats d'obus ne sont pas rares en ces lieux, cette situation nous enrage.

A cent mètres au-delà de la barrière de l'octroi, gisent, mutilés et sanglants, les corps de quatre de nos camarades. Je ne puis, à ce spectacle, me défendre de réflexions poignantes et je détourne les yeux. Les batteries ennemies cessent leur feu à la nuit et rentrent dans le parc de Chambord ; une longue colonne d'infanterie demeure seule en observation.

Chambord, sa forêt et son parc ont été témoins cette nuit de l'une de ces surprises désespérantes si nombreuses dans cette guerre. Un régiment de ligne, le 36e de marche, très-brillant dans les premières batailles de l'armée de la Loire, avait été envoyé à Chambord pour s'y réorganiser, s'y refaire de ses fatigues ; il constitue, avec deux bataillons de mobiles de je ne sais quel département, la seule troupe qui garde la rive gauche de la Loire. Et cependant l'ennemi s'avançait comme un torrent par le val de la Loire, marchant droit sur Chambord. Et voilà que, pendant que le régiment tranquille, en toute sécurité, surveille son café, les fusils étant aux faisceaux, les Prussiens, qui se sont glissés inaperçus dans le parc, en occupent tous les passages, en ferment toutes les issues, montent sur les murs, et de là, par un feu plongeant, écrasent nos malheureux soldats réduits à l'impuissance.

Il en résulta un désordre inouï; la défense fut paralysée et les Prussiens massacraient tout à l'aise. Le régiment fut aux deux tiers anéanti; ce qui en restait s'enfuit à Tours en débandade.

Mais la nuit est tombée, nous défendant de son ombre contre l'ennemi. La colonne, qui a ressaisi la grande route, se dirige sur Mer. Nous voyons très-distinctement briller sur les hauteurs de la rive gauche, les feux de bivouac de l'ennemi, nous entendons un grand bruit d'artillerie courant sur Blois. Les hourras des conducteurs retentissent. Demain, l'affaire sera chaude devant Blois.

A Ménars, nous continuons seuls notre chemin sur Mer. Le reste de la colonne retourne à Blois, en prévision du combat problable de demain.

A Mer, où nous sommes rendus à minuit, nous retrouvons le régiment qui couche sous la halle; seul, le 1er bataillon n'a pas encore rejoint.

Nos hommes, durant tout le jour, ont déchargé de nombreux convois de blessés arrivant de Beaugency; ils ont apporté dans cette mission délicate tous les soins, toute la tendresse des sœurs de charité.

Combien de fois j'ai admiré le dévouement, l'énergie de tous ces braves enfants jetés des bras de leurs mères sur les champs de bataille, dénués de tout, sans ressources, inébranlables quand même dans le devoir, eux les soldats de cinq semaines ; dans cette guerre, que de martyrs ignorés, mais glorieux !

Ils nous racontent que le canon a grondé dans la direction de Beaugency pendant la journée du 9, que nos 1er et 6e bataillons ont pris une part nouvelle à l'action.

A demain les détails ; nous sommes brisés de fatigue et tout est bon, même les dalles nues de la halle.

V. — Combats de Josnes et de Tavers. — Camp d'Avarai.

COMBAT DE JOSNES ET DE TAVERS.

Voici le récit de cette dernière phase de la grande bataille de Beaugency, d'après les renseignements que j'ai pu recueillir et en tant seulement qu'ils intéressent mon régiment.

La journée du 8 décembre peut se résumer ainsi : Messas, Vernon et Beaugency sont tombés au pouvoir de l'ennemi qui pousse ses têtes de colonne jusqu'à Tavers ; mais on sait que l'aile gauche et le centre ont couché sur leurs positions dont le centre est Josnes, bourg de 1,500 habitants, situé sur la route de Beaugency à Vendôme par Marchenoir et Ouques.

Josnes occupe le sommet du plateau qui se renfle par degrés à mesure qu'il s'éloigne de la

Loire. De là, on commande les divers gradins de ce plateau et notamment les villages de Cravant, de Beaumont, de Villorceau, nos points d'appui principaux dans la journée du 8 décembre.

Chanzy est à Josnes de sa personne; Jauréguiberry au château de Serqueu.

L'action commença dès le 9 décembre, à trois heures du matin, entre nos grand'gardes et les reconnaissances prussiennes. L'ennemi, cette fois-ci, par extraordinaire, agit principalement par son infanterie, qui a supporté le plus grand effort de la journée. Il pivote, par son aile droite, autour des villages de Saint-Laurent-des-Bois, de Lorges, de Poissy, de Cravant, qu'il n'a pu nous arracher, et, *défilant* ses masses, sans cesse accrues à la faveur des ondulations de terrain, avec une rapidité et un ensemble admirables, tente, par des attaques réitérées, de nous couper de Mer, de rejeter de Josnes la fraction victorieuse encore de notre armée. Nos batteries le contiennent, lui font face jusqu'à la grosse nuit. Son artillerie s'est montrée sur certains points presque muette. Et les commentaires d'aller leur train; « Leurs mu- « nitions sont épuisées, dit-on, l'heure approche « de la revanche. »

Notre 1er bataillon qui, le soir de Beaugency, et au prix d'une marche très-dangereuse, à la vue de l'ennemi qui menace son flanc, est venu camper au sud de Josnes, entre Vernon et Tavers, a pris une part vigoureuse à la journée du 9. Le

commandant Vial, bientôt colonel, et nommé, sur
le champ de bataille, officier de la Légion d'honneur, a renouvelé la tactique qui lui a si bien
réussi à Vernon. Il masque son bataillon à l'abri
des obstacles naturels du terrain, détache succes-
sivement deux compagnies, qui ne rentrent qu'a-
près avoir brûlé toutes leurs cartouches, et les
fait alors remplacer.

C'est dans la plaine au sud de Josnes, en avant
de Tavers, que le 1er bataillon s'est heurté, et
de très-près, aux masses ennemies, dans ces
lieux témoins de notre suprême effort dans la
bataille des cinq jours.

Deux compagnies, dont l'une est la 3e du 1er
bataillon, se sont déployées en tirailleurs vers
deux heures, en avant de la réserve, sous le
commandement immédiat du capitaine Lentz,
plus tard commandant du 2e bataillon ; c'est sur
elles qu'a porté l'attaque décisive : elles ont déployé une ténacité, une ardeur, consacrées par le
général Camô dans son rapport sur les opérations
de la colonne mobile de Tours à Beaugency. Le
feu était terrible, le sol s'émiettait sous une
grêle de balles rebondissant contre les échalas des
vignes. Le capitaine Lentz donna l'exemple du
soldat, comme plus tard celui de chef de bataillon : un chassepot à la main et couché à plat
ventre à la droite de sa compagnie, il ne se
retira que le dernier ; ses soldats avaient fait
comme lui, tant est irrésistible à la guerre l'in-

fluence morale du calme, du sang-froid, de l'exemple sur les jeunes troupes ! — Mais sa compagnie avait payé sa vigoureuse défense par trente hommes hors de combat.

La journée du 9 nous coûta les villages de Cernay, de Villorceau.

Le lendemain, 10 décembre, le 1er bataillon se mit en retraite sur Mer : à la hauteur de Tavers, il repoussa une colonne de cavalerie, et poursuivit sa jonction avec les 2e et 3e bataillons qui gardaient le pont de Mer, et dont les grand'gardes avaient échangé une fusillade très-vive avec les colonnes prussiennes marchant sur Blois par la rive gauche.

Toutefois, les combats de Josnes et de Tavers marquèrent le point suprême de la résistance de la deuxième armée dans les journées de Beaugency; celle du 8, où l'ennemi perdit dix mille hommes et sept colonels ou majors d'infanterie, faillit nous rendre Orléans.

Vendôme devenait notre point nouveau de concentration : la retraite sur cette ville commença dans la nuit du 9 décembre ; pour le 21e corps, par Binas et Fréteval ; pour le 17e, par Marchenoir et Ouques. Au 16e et à la colonne mobile de Tours fut confiée la mission très-difficile de couvrir Mer, en vue de l'évacuation des blessés sur Tours, des approvisionnements et des bagages sur Vendôme, par les routes de Mer et de Blois.

La mémorable résistance de Chanzy, dans les

lignes de Josnes, en imposa à l'ennemi, qui n'avait pu l'entamer. Frédéric-Charles ne prévoyait pas une partie autant disputée après les cinq batailles sanglantes, dont deux indécises, qui lui avaient rendu Orléans.

C'est avec fierté que je parle de ces grandes journées, que je décris les faits et gestes de mon régiment. La France a vu, et l'histoire dira qu'une armée improvisée, sortie pour ainsi dire de dessous terre, saignante encore des terribles combats de la veille, arrêta, en avant et autour de Beaugency, pendant cinq jours d'une lutte non interrompue, la formidable armée de Frédéric-Charles et du grand-duc de Mecklembourg; que c'est à l'abri de cette armée de *conscrits* que la défense put se reconnaître, s'organiser.

Toutefois, l'issue, en résumé favorable à l'ennemi, de cette lutte acharnée démontrait tout le danger que couraient les troupes de Mer et l'aile droite déjà tournée par Blois.

Cette partie de notre armée occupe l'angle formé par la route avec ses ramifications de Beaugency à Vendôme, et par la rive gauche de la Loire, de Beaugency à Blois; elle commande encore les routes de Mer et de Blois à Vendôme : menacée sur tout son flanc droit, ses mouvements doivent être rapides.

Blois a été bombardé le 10 décembre. Notre aile gauche a été délogée le même jour de ses dernières positions. L'armée prussienne forme autour de nous comme deux bras immenses dont il faut à tout prix fuir l'étreinte : ces messieurs sont en appétit, ils croient fermement qu'un mouvement tournant va leur livrer l'armée déjà si éprouvée de la Loire. Il y a urgence d'aviser.

En conséquence, le 11 décembre, à midi, la colonne mobile de Tours, dans laquelle figure notre régiment ; deux batteries, parmi lesquelles l'incomparable batterie de Beaumont ; les cuirassiers provisoires (4ᵉ de marche) de l'ex-garde, dépassent Mer d'environ quatre kilomètres, en remontant vers Beaugency, où stationne l'un des corps du grand-duc de Mecklembourg.

Nous prenons à gauche de la grande route, et la nuit nous surprend campés en arrière d'un petit chemin, perpendiculairement au chemin de fer et à la route d'Orléans qui courent parallèles entre eux à une distance de deux cents mètres à peine.

En face de nous, le sol, déprimé en entonnoir, se relève à sept ou huit cents mètres en un renflement qui limite la vue. Derrière nous, même topographie des lieux ; le terrain est symétrique par rapport à celui qui s'étend devant nous, et offre sur certains points des escarpements très-favorables à l'artillerie. D'épais bouquets de bois sur notre gauche promettent un sûr abri à de nombreux tirailleurs. Au centre et un peu au-delà de notre front de bandière, une ferme immense occupe un petit mamelon. En arrière de la

cavalerie qui campe en deuxième ligne, se dresse
le château de Beaumont. Notre camp s'appelle le
camp du Tertre ou plutôt d'Avarai, du nom du
village le plus voisin. Le 1er bataillon campe
à l'extrême droite, en s'appuyant au chemin
de fer.

Je ne saisis point parfaitement le but de cette
manœuvre offensive, car nous présentons en
troupes un rideau trop mince pour qu'il ne soit
pas facilement traversé. Je crois que l'on veut
donner le change à l'ennemi par une feinte d'attaque, pour couvrir les mouvements de l'armée,
pour lui donner le temps d'organiser sa retraite
sur Vendôme.

Ordre est donné de veiller, de bien veiller, car
les ondulations de terrain qui se dessinent en
avant ne sont que trop favorables à des manœuvres imprévues. Une batterie va prendre position
à notre extrême droite, elle observe un passage
qui s'ouvre sur la Loire et d'où l'ennemi pourrait
facilement déboucher à la faveur des bois.

La 5e compagnie de notre bataillon s'établit en
grand'garde dans la ferme que j'ai décrite ; c'est
de cette ferme, que nous avons mise à sec, qu'est
sortie la paille pour les tentes.

La nuit nous enveloppe de ses voiles, les feux
flambent en arrière du camp, et les hommes
pressés à l'entour s'efforcent de réchauffer leurs
membres engourdis ; les fagots qui attendent leur
tour nous servent de siége ; les plus éveillés du

cercle tournent et retournent à qui fera jaillir une bonne plaisanterie ou briller un éclair de gaieté. La vérité, c'est que notre gaieté n'est pas du plus franc aloi, car demain c'est l'inconnu; demain, très-probablement, on se réveillera au bruit de la fusillade des avant-postes : se couchera-t-on vivant demain soir?

On se recueille malgré soi. Villages où nous sommes nés, parents chéris que nous y avons laissés et qui attendez notre retour, vous que les télégrammes de nos gouvernants n'ont jamais éblouis, votre souvenir est là, votre image aussi se dresse vivante devant nos regards consolés; votre pensée attendrit nos cœurs et fait couler nos larmes.

Tout à coup une fusillade précipitée, à la hauteur de nos grand'gardes, vient confirmer nos prévisions. Demain sera un jour de bataille. Qu'importe! à la grâce de Dieu! On dormira quand même.

Cependant, le silence, le calme renaissent après une demi-heure; la nuit s'écoule dans une tranquillité parfaite. La 5e compagnie du 2e bataillon a repoussé les reconnaissances de hulans; nos cavaliers n'ont rien signalé. On comptait attendre là l'ennemi : et, dès quatre heures du matin, ordre est donné d'abattre au plus tôt les tentes, d'allumer les feux. On prépare, on fait bouillir et on avale son café, le tout au galop. Puis, lors de l'ajustement du sac, nous sommes prévenus que les feux devront être alimentés pour durer le plus longtemps possible. Décidément, on tient absolument à tromper l'ennemi.

CHAPITRE III.

Retraite sur Vendôme. — Maves. — Ouques. — Camp de Sainte-Anne.

I. — Retraite sur Vendôme.

On nous annonce une journée de grande fatigue : nous avons l'estomac garni d'un quart de café (eau de châtaigne), de quoi aller bien loin !

Nos trois bataillons se serrent en colonne, face en arrière, marchant chacun dans l'espace qui eût été, le cas échéant, sa place de bataille. Une batterie d'artillerie à cheval, — la vaillante du 7 décembre, — chemine dans l'intervalle resté libre entre le 1er et le 2e bataillons. Il est tombé, durant la nuit, une neige mêlée de pluie qui détrempe peu à peu le sol gras de ces pays, et le transforme bientôt en une boue profonde où l'on enfonce sans le voir, et d'où l'on retire à grand'peine

la jambe surprise. On glisse de temps en temps :
la colonne s'avance de toute la vitesse du coche,
« gravissant le chemin montant, sablonneux,
« malaisé ; » elle fait tous ses efforts pour conserver ou ressaisir un semblant d'alignement au
travers des bouquets d'arbustes qui brisent à
chaque pas les rangs.

On arrive ainsi à la hauteur du château de
Beaumont, à faible distance d'une route par où
se pressent les dernières troupes qui ont abandonné Mer, ce centre de nos approvisionnements,
où l'ennemi trouvera tant à prendre.

Aussi, sommes-nous réduits à attendre, une
grande heure d'immobilité dans la boue, qu'une
direction commune soit donnée aux divers corps,
que la retraite s'organise, en résumé, que cette
multitude quelque peu tumultueuse et confuse
reçoive l'âme qui la fera mouvoir dans l'ordre et
l'ensemble.

La colonne mobile de Tours constitue l'arrière-
garde chargée de veiller à la sécurité de tout ce
qui remonte sur Vendôme. Les coups, s'il y en a,
seront pour nous et pour nous seuls.

Les interminables bagages prennent la tête du
défilé, puis c'est l'artillerie et, enfin, la cavalerie.
L'infanterie gravit les hauteurs qui, s'élevant à
gauche de la route, ne tardent par à former, par
une série d'ondulations étagées, un plateau qui se
continue jusqu'à Vendôme.

Notre tâche acquiert, dès ce moment, le degré

de la plus écrasante fatigue. Devant nous, aussi loin que l'horizon peut s'étendre, s'aperçoivent d'immenses champs de blé, parsemés de rares bouquets d'arbres; des fermes isolées s'aperçoivent de temps en temps au milieu du plateau fangeux, elles nous servent de points de repère. Le sol est complètement détrempé et n'offre plus qu'une boue profonde et glissante; chaque soulier, à chaque pas, en soulève des paquets comme si, en pareille occurence, nos sacs ne suffisaient pas.

De plus, l'ennemi nous talonne, on le sait. Des vedettes espacées au loin et sur les flancs de la colonne, interrogent les quatre coins de l'horizon. Les régiments marchent en ordre de bataille, prêts à se retourner au premier signal pour faire face à l'ennemi : la correction dans les rangs, le coude à coude, la régularité, l'unité dans la marche sont choses de nécessité absolue; nous manœuvrons en marchant. L'emplacement est favorable aux évolutions de ligne.

Sur la fatigue d'un cheminement au travers d'une vraie mare, juxtaposez, cher lecteur, la tension d'esprit d'un soldat à l'exercice, la longueur, la fatigue d'une marche sans arrêts, plus, le vide dans l'estomac, et vous aurez une idée à peu près exacte de cette rude journée.

J'ai dit que nos points de repère sont rares : de la ferme que l'on vient de quitter à celle qui nous sert d'objectif nouveau, il se rencontre des

dépressions de terrain qui font perdre la direction.
Le chef de bataillon, un ancien d'Afrique, un de
ces hommes dont la main ferme eût formé la mobile, nous fait exécuter, pour rattraper à peu près
la route vraie, une foule de conversions, même
des marches obliques. Bref, nous avons repassé
là toute notre école de soldat. Enfin, la colonne,
parvenue à la hauteur de l'objectif retrouvé, s'arrête pour souffler quelques minutes, dont on profite pour reformer les rangs.

Une pluie des plus serrées vient, à partir de
midi, ajouter ses charmes pénétrants aux agréments d'une promenade en si belle avenue. Nos
sacs et nos manteaux ruissellent d'eau ; nous
sommes exténués et, depuis le café du matin,
pas le moindre morceau de pain ou de biscuit.
La grande halte se fera on ne sait où, vu l'absence
complète de villages à notre horizon. Sur la route
que nous côtoyons à notre droite, on n'entend
que les chariots de transport rouler et les fouets
claquer.

La nuit approche. Enfin, nous découvrons un
petit amas de maisons le long de la route en pente
qui, par un coude très-brusque, forme une sorte
d'entonnoir au nord du village. Un soupir de sou-
lagement s'échappe de toutes les poitrines : c'est
la grande halte. Une heure de répit, après douze
heures de cheminement dans les conditions que
l'on sait, n'est pas trop.

Les vedettes se dispersent sur toutes les émi-

nences pour sonder l'horizon, car l'ennemi nous
suit à deux kilomètres, raflant par ci par là quelques traînards.

Un instant de repos avant la visite au village et
à ses habitants.

II. — Maves. — Ouques. — Vendôme. — Camp de Sainte-Anne. — Episode.

Les fusils sont aux faisceaux. Trois compagnies
partent sur les hauteurs en grand'garde : c'est la
6e du 2e bataillon qui veille sur nous ; la 6e ! ce
numéro signale toujours l'ennemi !

Veillez pour nous, camarades ; en retour, nous
travaillerons pour vous, et vous toucherez, à la
descente de grand'garde, votre ration du *fristi*.

Une cabane en planches, servant d'entrepôt,
est renversée, disloquée, jetée au feu en un tour
de main. On s'élance en bloc de cet entonnoir où
l'on étouffe pour se déployer en *tirailleurs* (style
de troupiers en quête de bombance) par toutes les
maisons du village. Maves : gens par ci par là ;
la générosité de ces Français n'ajoute rien au mai-
gre morceau de lard que les cuisiniers sont en
train de griller.

Ces gens n'ont pas l'air de trop nous plaindre ;
notre épuisement et nos haillons ne parlent point
à leur cœur, pas plus que l'absence de nos souliers retenus par la boue. Un grave personnage de
l'endroit, sans doute une autorité du jour, à qui

je vais demander du vin contre paiement, me
répond, de fort mauvaise humeur, « qu'il ne vend
« pas de vin. » Mon Dieu, seigneur, si vous rou-
gissez de commercer avec des soldats, faites leur
la charité et donnez votre vin. Pendant que j'essaye de prendre la place forte par les sentiments
tendres, un loustic, furetant dans la cuisine du
quidam, a décroché une demi-douzaine de bouteilles, dont deux couvertes d'une poussière vé-
nérable. N'ayant plus besoin du monsieur, je le
lâche.

Regarde-nous passer, Français au cœur aussi
large que le goulot de tes bouteilles, à ton nez
nous buvons ton vin. Tout à l'heure, le Prussien
qui nous presse forcera ta cave, mais tu iras au
devant de ses désirs, tu apaiseras ses menaces,
et tes tonneaux, rangés à l'entrée de ta cour en
alignement de ton ventre, s'offriront d'eux-mêmes
au vainqueur. Pour lui tes générosités, tes grâces, tes largesses. Ton patriotisme est au niveau
de tes talons : tu te jettes aux pieds de qui vient
te ravager, et tu chasses les soldats qui sont venus
te défendre.

La halte se prolonge par suite de l'accablement
de la colonne tout entière : un grand nombre
dorment profondément autour des feux de bivouac; la nuit, une nuit obscure, nous enveloppe
de ses ténèbres; ceux qui bougent ressemblent à
des ombres.

Soudain, des coups de feu précipités éclatent

dans la direction de notre 6ᵉ compagnie : l'ennemi, qui pousse sur nos traces un régiment de hulans, d'autres disent de dragons, a razzié aux portes du village les *défileurs* qui se sont attardés aux portes hospitalières.

Un peloton de spahis s'élance à fond de train en exploration des environs de Maves : là, nouvelle méprise ; la profonde obscurité aidant, nos éclaireurs reçoivent une bonne part des coups de feu. Toute vérification faite, on avait repoussé un détachement de cavaliers prussiens qui, espacés sur un front très-vaste, paraissaient être l'avant-garde d'une nombreuse colonne. Le cri : aux armes ! et le rappel retentissent.

· En un clin d'œil le 2ᵉ bataillon a mis sac au dos, rompu ses faisceaux. Aurions-nous, par hasard, à livrer un combat de nuit? Je ne le pense pas. Je sais bien que les Prussiens sont sur nos talons; mais leur prudence, leur discrétion, la sûreté de leurs manœuvres leur font éviter les attaques nocturnes.

L'alerte est heureusement de courte durée, la fusillade cesse comme par enchantement, les grand'gardes rentrent dans les rangs, et le régiment, massé en colonne de route, escalade le talus qui borde la route de Vendôme, dans son coude autour de l'entonnoir.

Il est huit heures, l'obscurité s'épaissit comme à plaisir ; on avance d'instinct et pas vite, harassé que l'on est par la marche de douze heures, interrompue par un repos d'une heure dans le dernier village. A notre droite, et à distance rapprochée, brillent des feux qui sont jugés suspects. Aussi, pour dérouter les observations possibles de l'ennemi, la colonne décrit force crochets dans les champs rocailleux qui limitent la gauche de la route. Dans un ravin, la hache retentit, c'est un poste avancé qui dresse son campement.

Nous traversons un petit village rempli d'*arbicos* (spahis arabes) qui, gaiement, violent à qui mieux mieux la loi du prophète, faisant sauter force bouchons et choquant leurs verres, à grand renfort d'éclats de rires. Nous leur tendons quelques cigarettes : ils nous remercient par mille compliments dans lesquels je ne saisis que les mots de *Francis bono.*

Grands enfants, héroïques soldats ! ils sont venus des frontières du désert brûlant, insouciants des périls à venir, ravis de parcourir cette France qui les a domptés et contre laquelle, souvent, ils ont entendu le marabout prêcher la guerre sainte ; ils viennent, eux, les nouveaux nés, jaloux de combattre et de mourir pour leur mère d'adoption ; ils verront la *grande fantasia,* dans laquelle parle la poudre et gronde un tonnerre comme n'a jamais retenti la foudre de l'Atlas.

Dans ce village (Epiais, si je m'en souviens bien) s'est passé un fait que je veux raconter sur l'heure, parce qu'il fait le plus grand honneur à plusieurs de mes camarades qui tombèrent cette nuit-là au pouvoir de l'ennemi.

Le jeune caporal Billard, de ma compagnie, et deux hommes de son escouade, tous trois à bout de forces, s'étaient arrêtés dans une grange attenante à la dernière auberge du village; quelques soldats de la ligne y étaient déjà cachés et dormaient; il était dix heures du soir. Billard, qui, pendant la rude marche du jour, avait cheminé les pieds enflés et saignants, qui, de plus, avait tiré de la boue un de ses hommes, le soutenant d'un bras et de l'autre portant son fusil, Billard, dis-je, était exténué entre tous.

A minuit, réveillé par les spahis qui détalent au triple galop, Billard se remet en route avec son petit détachement mixte de mobiles et de fantassins; il avance aussi vite que le lui permet l'accablement de ses hommes, lorsqu'à un coude de la route, il entend à faible distance derrière lui des pas de chevaux. Ranger à l'abri d'une haie son petit peloton, faire charger les fusils, mettre en joue fut l'affaire d'une minute. Plusieurs cavaliers passent, ce sont des hulans, une fusillade à bout portant jette à bas hommes et chevaux; un des hulans est percé de sept balles.

Les nôtres se précipitent sur les revolvers qui brillent à la ceinture des cavaliers et repartent joyeux, sans conscience de leur fatigue, fiers de leurs trophées qu'ils brandissent en chantant. Mais un gros de hulans, le même qui avait poussé cette première pointe si bien émoussée, écoutait immobile à une distance de quelques cents mètres ; il a entendu et compté le petit nombre des coups de feu, et, guidé par la marche bruyante de nos imprudents, fond avec la rapidité de l'éclair sur nos camarades, qui se trouvent enveloppés sans avoir pu se mettre en défense. La vue des revolvers enlevés aux hulans morts et brillant à la ceinture des nôtres, allume la colère des cavaliers, les sabres tournoient sur la tête des prisonniers, on les menace hautement de les fusiller ; bref, leur salut ne tint qu'à l'intervention personnelle du chef de détachement. Mais nos amis étaient résolus à ressaisir leurs fusils et à se battre jusqu'à la mort, si la sentence d'exécution sommaire eût été rendue. On les conduisit à Orléans où deux d'entre eux tombèrent gravement malades ; Billard, dont les pieds étaient en sang, fit une étappe de 52 kilomètres sans repos. A Lagny-sur-Marne, ils prirent la route d'Ingoolstad (Bavière), où, Dieu merci, nos amis n'ont pas trop souffert. Ce récit, que je garantis sincère, prouve assez qu'ils avaient fait noblement leur devoir. Mais revenons à la colonne.

Elle avance pour ainsi dire au hasard, sans savoir où aller coucher. L'armée tout entière s'est repliée sur Vendôme, et l'encombrement des environs doit être extrême. Nos hommes sont admirables de persévérance, de courage, de volonté, et c'est fort heureux, il y avait tout lieu de craindre que leur fatigue ne leur permît pas de parvenir au gîte d'étape ; les tas de pierres sont couverts d'hommes exténués, incapables de mouvement, que le froid glacial, la pluie, les privations de la journée clouent sur le sol boueux : ils se relèvent par un reste d'énergie et emboîtent péniblement le pas derrière les camarades. Combien de fois, pendant cette affreuse journée, j'ai été témoin de ces choses, et toujours j'en ai été profondément attristé.

Qui de nous n'a gémi sur ces marches, ces contre-marches excessives et cependant exigées par le salut de l'armée, qui brisaient tout le ressort, tout l'élan de ces jeunes troupes, sur les privations, sur la faim qu'elles ont dû supporter au cœur de leur pays, au sein des plus riches provinces de France !

Enfin, à minuit, nous arrivons à Ouques, point de croisement des deux routes qui de Beaugency et de Mer mènent à Vendôme. L'armée de la Loire, qui a disputé morceau par morceau, avec tant de ténacité, — l'ennemi le confesse, — le pays encadré par ces deux routes, c'est-à-dire les lignes de Josnes, se concentre autour de Vendôme en deux masses principales : la première, à cheval sur les routes de Mer et de Blois, garde les hauteurs qui dominent la rive gauche du Loir à l'Est et au Sud-Est de Vendôme ; la deuxième, réunie autour de Fréteval, à l'intersection des routes de Vendôme à Châteaudun et du Mans à Orléans, peut se jeter, suivant les événements,

sur Châteaudun, la cité héroïque qui s'est ense-
velie sous ses ruines plutôt que de se rendre.

Ouques est un petit village où l'amoncellement
des troupes est tel, que je défie le plus malin de
trouver place dans les galetas, dans les granges.

Nous poussons au-delà jusqu'au village de Ville-
trun, un peu moins encombré. J'ai la chance de
dormir dans le fenil d'une auberge, entre mes
camarades de compagnie, Guerry et Ducros.

Le lendemain, 13 décembre, nous traversons,
en approchant de Vendôme, un étroit défilé encadré par une forêt magnifique : c'est le ravin de
la Houzée qui coule dans le creux du roc, position bientôt célèbre dans la défense de Vendôme.
A midi, le régiment se trouve réuni dans Vendôme, où il a pénétré par détachements multiples.
Provisoirement, les faisceaux se forment sur la
place de l'Eglise, et nous voilà courant, furetant
par la ville, car depuis deux jours nous sommes
sans vivres. J'ai infligé à Maves un blâme général.
Vendôme prête, à mon avis, au pour et au contre :
si quelques-uns ont été affables, d'autres nous
ont impitoyablement fermé leurs portes.

Le patriotisme, la pitié pour le soldat malheureux sont choses inconnues dans certains des
pays que nous avons traversés.

Je tiens de source authentique qu'un docteur
prussien fit la réponse suivante à M. Gautier,
docteur en médecine aux Avenières (Isère), volontaire dans la 2e ambulance lyonnaise, et tombé au

pouvoir de l'ennemi par suite de sa persistance et de son dévouement à soigner les blessés dans les batailles d'Orléans.

M. Gautier s'étonnait à bon droit de l'assurance, de la précision de l'ennemi dans tous ses renseignements, de sa science merveilleuse du pays; il admirait l'habileté de ses espions, et le Prussien lui répondit avec un sourire contenu : « Nos espions allemands sont excellents, c'est vrai ; « *mais pour trente sous par tête et par jour, nous* « *avons en France autant d'espions français que* « *nous en voulons.* » Moi-même, dans un café de Vendôme où je me récriais contre la cherté des consommations, j'ai entendu la maîtresse du café nous riposter d'une petite bouche impertinente, qu'elle préférait les Prussiens aux Français. — Madame, dans trois jours vous serez satisfaite.

Vendôme est une jolie ville de 10,000 âmes, admirablement située sur les bords du Loir, au centre de la vallée du même nom; deux lignes de hauteurs courent parallèles entre elles et à la rivière qu'elles encaissent très-profondément. Le pays est d'un aspect ravissant, riche en produits de tout genre.

Vendôme est une position d'importance capitale au point de vue militaire; là se croisent une foule de routes stratégiques, celles de Tours à Paris, par Châteaudun, de Blois au Mans, par le Breuil, du Mans à Orléans; là aboutissent, après leur jonction à Ouques, les routes de Beaugency, par Cravant, Saint-Laurent, Josnes et Marchenoir ; de Mer, par Maves et Pontijoux ; c'est par ces dernières routes et par celle de Fréteval que se précipitent les masses ennemies. La ville est garantie contre un bombardement par les hauteurs de la rive gauche du Loir ; les hauteurs parallèles de la rive droite, qui commandent les routes du Mans et de Paris, constituent un second rempart difficile à briser en cas d'échec en avant de la ville.

Enfin, la description topographique des lieux étant faite, passons de l'imagination à la réalité. A cinq heures du soir, le clairon nous rappelle ; le régiment au complet, — très-peu d'hommes sont restés en arrière, — vient camper au village de Sainte-Anne, à 6 kilomètres de Vendôme, à droite de la route de Blois ; pluie torrentielle, boue jusqu'à la cheville, voilà pour la marche.

Non, jamais je n'oublierai notre mauvaise humeur, notre rage, lorsqu'à huit heures du soir, trempés jusqu'aux os, nos estomacs sonnant le *Miserere*, nous sommes invités, par une conversion à gauche, à dresser nos tentes dans un terrain solide, disait-on, mais vraie mare où pourraient barboter des canards ; on s'y refusa net. Force fut bien de nous résigner à camper à quelque distance, sur un emplacement plus élevé, moins humide, mais rocailleux, de glissade moins aisé pour nos piquets ébréchés ou perdus.

Nous avons passé deux jours au camp de Ste-Anne, sans paille, abîmés dans la boue, sans vivres, entassés pêle-mêle dans un espace de trois mille mètres carrés, avec l'artillerie, les gendarmes; deux jours que je maudis.

Ah! qu'il était charmant le camp de Ste-Anne!

Nous en sortirons demain, cher lecteur, et pour nous battre, si vous le voulez bien.

CHAPITRE II.

Bataille de Vendôme. — Retraite sur le Mans. — Saint-Calais. — Épisode. — Le Mans. — Changé.

I. — Bataille de Vendôme.

Les jours passés à Ste-Anne furent employés à établir le chiffre, autant que possible exact, de nos pertes dans les journées de Beaugency.

On connut le sort de plusieurs officiers très-aimés et disparus : on apprit que le capitaine Magnin, ex-sous-officier de zouaves, revenant du Mexique, était tombé glorieusement en enlevant sa compagnie (la 3e), éprouvée ce jour-là entre toutes; que le lieutenant Guigues, homme qui n'avait pas hésité à quitter sa famille, à dire adieu à une vie pleine d'agréments, pour s'engager comme volontaire dans nos rangs, avait été grièvement blessé et au premier rang ; qu'à leurs côtés avaient été atteints les lieutenants Baivand, Monin et David, tous trois à la tête de leurs compagnies ; qu'un de nos vieux amis, le fourrier Pascal, de Morestel, un modèle de dévouement, de fidélité au devoir, avait été relevé mourant à minuit du champ de bataille par les brancardiers prussiens ; que beaucoup d'autres enfin, dont je ne puis citer les noms, mais que je salue d'ici de tout le respect de mon âme, avec toute la tendresse de mon cœur, que j'ai voués au souvenir pieux de toute ma vie, étaient tombés pour la patrie, en vue des murs de Beaugency, la ville hospitalière et si française.

Le 14 décembre, soir du deuxième jour au camp, on apprit par ouï-dire, mais sans détails ni commentaires précis, que le grand-duc de Mecklembourg avait dirigé dans la journée une attaque très-vive contre Fréteval, tête de position pour les troupes du 21ᵉ corps, chargé de défendre la route d'Orléans à Vendôme et au Mans, et d'empêcher, s'il est possible, la jonction du grand-duc sous les murs de Vendôme avec l'armée de Frédéric-Charles qui arrive par Mer et Blois. L'action a été très-vive, très-disputée ; le général Jaurès n'a cédé le terrain qu'à la nuit. Il a occupé des positions nouvelles entre Fréteval et Vendôme et forme l'aile gauche de la deuxième armée.

Un pressentiment nous dominait depuis notre arrivée dans ces parages : c'est que Vendôme, si bien fortifié par la nature, serait l'occasion et le théâtre d'une grande bataille.

Franchement, à mesure que nous nous sommes faits aux fatigues, aux hasards, aux émotions de cette guerre si pleine d'imprévu, à mesure que *notre cœur de conscrit s'est blindé sous les secousses réitérées*, mieux vaut dix fois l'animation, le mouvement de la lutte au soleil, que l'immobilité, la prostration et le dégoût, au milieu de cette boue où l'on étouffe, où l'on s'atrophie. Mais patience, l'heure approche !

Dans la nuit du 14 au 15 décembre, le clairon sonnant coup sur coup le refrain du régiment, appelle d'urgence et au galop les chefs de compagnie auprès du chef de bataillon Cadot, commandant le régiment. Ce commandant, vieux soldat d'Afrique où il avait dirigé un bataillon de discipline, ce qui dénote une main énergique, un type de droiture, de bravoure, plein de fermeté et de sang-froid, versé à fond dans son métier, dans les manœuvres, en résumé un commandant accompli, reçut les convoqués ou leurs représentants dans un fenil qui lui servait de bureau et de chambre à coucher.

Beaucoup proclamaient à tout venant, à tout entendeur, que l'armée ne tarderait pas à se retirer au Mans, position très-forte, centre de croisement de sept voies ferrées, boulevard de l'Ouest. Que le commandant Cadot ait laissé entrevoir *aux appelés* cette évolution probable, ce changement de domicile en surcroît de tant d'autres, je n'oserais l'affirmer. Quoi qu'il en soit, le 27ᵉ mobiles reçut l'ordre de faire ses sacs pour Vendôme, et de se trouver à midi sur le pont du Loir.

Plusieurs détonations lointaines nous arrivent en route qui ressemblaient fort à l'écho affaibli de coups de canon ; le *brutal* se trahit de loin, et l'on entend si bien le bruit que l'on déteste. Vendôme est dominé par des hauteurs qui, du côté par où nous débouchons, lui servent de citadelles. A gauche de la route de Blois, si l'on a la route à dos, se dresse un promontoire isolé que surmontent les vieilles tours en partie écroulées de l'ancien château des ducs de Vendôme. Sur la plate-forme qui le domine, à l'est, je remarque des officiers d'état-major, la lunette d'approche à la main.

L'aspect topographique du terrain où peut s'engager l'action est celui d'un plateau renflé tant à l'extrémité qui domine la ville qu'à l'extrémité qui limite l'horizon. Le berceau compris entre deux sera dans quelques instants *pavé, mais littéralement pavé de projectiles*.

A la descente de la route de Blois, à l'entrée du faubourg du Temple, au point où se joignent les routes de Blois et de Tours, nous nous croisons avec des batteries de tout calibre qui remontent sur le plateau. A peine touchons-nous au pont du Loir, qu'un aide de camp lancé à fond de train nous apporte l'ordre de regagner le plateau au-dessus du faubourg et au galop. Défense absolue est faite de laisser un seul soldat en ville ; des piquets de gendarmes sont chargés de l'exécution de la consigne.

Nous remontons un chemin pierreux à gauche de la route de Blois ; la cavalerie, qui l'arpente au galop, coupe notre régiment en deux ou trois tronçons ; je sais certain guide de l'ex-garde qui a reçu un fameux coup de crosse d'un des nôtres, renversé par son cheval.

Au sommet de ce chemin qui, sur le plateau, court parallèlement à la route de Blois, laissée bien à droite, se trouvent plusieurs grandes fermes qui serviront d'excellents points d'appui à nos réserves d'artillerie. Le régiment, qui a fini par se réunir, se range dans les dispositions suivantes : la première moitié, sous le commandant Vial, en ligne derrière la longue file de nos batteries ; la seconde moitié se porte, par un à gauche, sur un mamelon qui domine les dernières maisons de Vendôme : sa mission consiste à défendre d'abord un chemin encaissé par où un ennemi rusé peut se glisser inaperçu au cœur de Vendôme, et en second lieu à surveiller une forêt d'arbres de haute futaie, couverte par un ravin, et occupée par de nombreux tirailleurs ennemis qui saluent notre mouvement de décharges répétées. La distance et la précipitation de leur tir le rendit im-

puissant; trop haut ou trop bas. Nous avons
cheminé entre deux portées sans qu'un seul
homme fût touché.

Nos batteries, au nombre de dix à douze, ont
pris position avec une rapidité, une précision
merveilleuses sur le point culminant du plateau ;
elles battent d'enfilade la route de Blois et le chemin rocailleux dont j'ai parlé, elle balaient le
plateau dans tous les sens ; leur feu est terrible
contre les colonnes d'infanterie prussiennes qui
pressent leurs mouvements à droite et à gauche
de la grande route de Blois. Les Prussiens, qui
ont fait dans la matinée l'étape de Blois à Vendôme (32 kilomètres), s'établissent à cheval, pièce
par pièce, l'infanterie en deuxième ligne, sur les
routes que j'ai décrites. Ils occupent tout l'espace
intermédiaire ; ils forment un vaste demi-cercle
qui, toujours s'étendant, s'efforce de déborder
notre aile droite.

Ces dispositions de combat, cette manœuvre,
sont une application de la théorie favorite du
général de Moltke : « Faire reculer d'abord les ailes
« de l'ennemi en tâchant de le déborder cons-
« tamment, puis profiter du changement de front
« en voie de s'accomplir en vue de parer au danger
« et du désordre inévitable qui l'accompagne,
« pour accabler le centre isolé par une canonnade
« redoublée et de fortes masses tenues jusque-
« là en réserve. »

Les tirailleurs qui se sont embusqués dans la

forêt qui nous fait face, nous canardent en toute
sécurité sur le terrain découvert que nous occupons; un pavillon élevé, à l'angle du bois, leur
sert d'observatoire et leur déroule tous nos mouvements. Nous répondons de notre mieux, mais
que faire contre un ennemi invisible? En désespoir de cause, nous tirons sur le feu tout comme
l'artillerie; à notre droite, au centre du plateau
qui sera toute la journée le vrai cœur de l'action,
nos batteries, qui sont en force cette fois, font
feu de toutes leurs pièces, si bien que le tinta-
marre des mitrailleuses (elles ont beaucoup parlé
ce jour-là), le boum... des obus et des boîtes à
mitraille composent un tonnerre grondant sans
interruption. Un bataillon de ligne porté vers le
ravin de la Hougée, et trois de nos compagnies
en tirailleurs, accompagnent le concert de leurs
chassepots. Les manœuvres de l'ennemi se dessinent clairement, elles sont du plus haut intérêt;
chacun de nous a pu s'en rendre compte; les
masses de son infanterie qui, pendant leur évolution, prêtent le flanc à nos batteries, subissent
de grandes pertes; nos mitrailleuses couchent
sur le sol des pelotons entiers aussitôt remplacés.
O puissance de la discipline, qui, par-dessus les
cadavres des camarades tombés, pousse les survivants qui achèveront l'œuvre! Les tirailleurs
nous mettent quelques hommes hors de combat à
la colonne de gauche.

Nos canons tonnent depuis une heure, et

l'artillerie prussienne, établie sur une ligne parallèle, n'a pas dit mot; soudain un fracas retentissant et une vive lumière s'élevant du milieu de
nos batteries, nous annoncent qu'un caisson a
sauté; un artificier, occupé à en retirer des
munitions au moment de l'explosion, a été lancé
dans les airs; des débris humains retombent
informes à quelques mètres de celles de nos compagnies réserves d'artillerie.

Ce jour-là, le quatrième ou cinquième obus
prussien nous démonte une pièce; le reste de
leur tir, à l'avenant. En résumé, de l'aveu de
tous les hommes compétents présents à l'action,
jamais artillerie n'eut un tir mieux calculé, plus
précis que l'artillerie prussienne à la bataille de
Vendôme; bien qu'à peine égale à la nôtre, elle
riposta jusqu'à la nuit, lui infligeant des pertes
sensibles. C'est au moment le plus violent de
l'action que l'amiral Jauréguiberry, notre commandant en chef à Vendôme (la vieille salamandre
qui ne meurt pas au feu), émerveilla ses troupes,
et notre régiment en particulier, par un sang-
froid imperturbable, par un trait qui vaut tous
les exemples que certains s'obstinent à déterrer
du passé pour nous les jeter à la face. Ce trait le
voici :

L'amiral Jauréguiberry, le bras droit tendu vers
les lignes ennemies, donnait ses ordres, transmet-
tait ses dispositions de combat. Il avait à peine
achevé ces mots : « Tirez tout ce que vous avez,

« boîtes à balles, boîtes à mitraille; à tout prix
« il faut les arrêter » lorsqu'un obus tombe aux
pieds de son cheval qui fait une pirouette énergique tout de côté, bien suffisante pour jeter bas
un marin; lui, impassible, sans qu'un seul muscle
de son visage se soit altéré, ramène et contient
son cheval de la main gauche; son bras droit,
dans l'intervalle, était demeuré étendu. Aussi,
nous étions ébahis, fascinés par cette impassibilité, ce mépris du danger, cette possession de soi-
même. L'exemple porta ses fruits : nous avons
supporté sans broncher d'une semelle le feu épouvantable des canons ennemis; quelques-uns d'entre
nous furent atteints, et un témoignage d'incontestable impartialité, que je veux citer et duquel je
suis fier pour mon régiment, tomba sur nous de
la bouche du vaillant Jauréguiberry : « Si demain,
16 décembre, la bataille recommence, je choisi-
rai comme escorte et comme réserve à ma disposition spéciale, le 27e mobiles (Isère).

La bataille de Vendôme n'a été, à proprement
parler, qu'un immense duel d'artillerie; l'infanterie n'y a joué que le rôle de tirailleurs ou de
réserves. Autour et en soutien des 70 à 80 pièces
qui battaient au centre du plateau, ne se trouvaient
que les gendarmes à pied, deux bataillons de
ligne et le 27e mobiles. Le reste de l'armée, dont
plusieurs divisions se repliaient déjà sur le Mans,
était massé soit dans la ville, soit au pied du plateau, soit aux environs de la gare, pour protéger

l'évacuation du matériel sur Tours ; elle commandait la vallée du Loir pour parer à un mouvement tournant annoncé de Fréteuil. A gauche de notre ligne, nous n'étions pas sans inquiétude au sujet d'un bruit incessant entendu par delà la forêt que surveillaient nos tirailleurs. Le gros de l'armée prussienne accourut trop tard ce jour-là, pour renouveler ou renforcer son avant-garde épuisée et broyée par nos mitrailleuses ; quelques obus prussiens, par-dessus la crête du plateau, éclatèrent dans le faubourg du Temple et dans Vendôme.

La nuit tombait, le feu continuait ; il dura jusqu'à six heures du soir, et à ce moment le silence se fit. L'artillerie rentra en ville avec la plupart des bataillons engagés ; quatre compagnies de l'Isère, une de gendarmes, deux du 59e de marche campent seules sur le champ de bataille que l'ennemi n'a pu nous arracher.

II. — Retraite sur le Mans. — Savigny. — Saint-Calais.

Les compagnies des divers corps, désignées pour la grand'garde de cette nuit, attendent, immobiles dans une boue qui, si elle a gardé plus d'une chaussure, a amorti le choc de plus d'un boulet, qu'une destination, qu'un poste leur soient assignés. Notre compagnie est spécialement chargée de surveiller les abords du ravin qui borde la forêt et le chemin creux qui, du ravin, conduit par un petit hameau au cœur de Vendôme sans que les troupes qui conservent le plateau en puissent rien savoir. A l'extrémité de ce chemin est bâti un château masqué à l'est par un bois de sapins qui paraît être une ramification de la forêt.

Durant l'entretien entre les chefs de compagnies et le commandant d'état-major chargé de l'organisation des postes avancés, quelques coups de feu retentissent dans la direction du château; une grand'garde de gendarmes y était établie ; notre compagnie se porte en soutien, et après une fusillade d'un quart d'heure, la reconnaissance ennemie (du 57ᵉ régiment prussien) est repoussée, nous laissant quelques prisonniers, dont un capitaine.

Les Prussiens, très-persuadés du service que pouvait leur rendre le petit chemin creux, avaient poussé une patrouille qui se défilant à la faveur du ravin, avait tenté de surprendre le château, tête du chemin contre leurs positions.

La nuit n'eut pas d'autre alerte. Nous étions tous convaincus que la journée du 15 décembre, bien que très-chaude, n'était que le prélude d'une action générale pour le lendemain.

Dès sept heures du matin, toutes les compagnies de grand'garde couvrent de leurs tirailleurs le plan incliné compris entre la route de Blois et le chemin creux; à une distance d'un kilomètre à peine, les sentinelles ennemies forment une longue ligne brisée selon les inflexions du terrain, bordant toute la crête opposée du plateau.

On les voit sortir du pavillon et se glisser derrière les grands arbres de la forêt.

Toutefois, l'absence d'artillerie sur ce plateau, notre seule présence sur ce terrain que deux ou trois divisions eussent à peine occupé, nous paraissent des indices presque certains de la retraite du gros de l'armée. Les bataillons si peu nombreux portés la veille en soutien de notre artillerie, ne pouvaient être qu'un rideau, à l'abri duquel défilaient les régiments non engagés ; le simulacre des dispositions présentes en vue d'une bataille probable n'avait peut-être pour but que de permettre l'organisation de la retraite dans son ensemble, de sauvegarder les bagages, les transports, les ambulances.

Je crois encore que la journée du 15 décembre, très-honorable pour nous en définitive, puisque nous avons couché sur nos positions, très-meurtrière pour l'ennemi, qui a avoué une perte de 4,000 hommes, n'était pas prévue dans le plan général de la campagne ; qu'elle n'a été, en fin de compte, que le résultat d'une surprise, d'une attaque imprévue qui eût pu nous coûter cher.

Nos allées, nos venues le long des routes qui du champ de bataille mènent à Vendôme, sont autant de preuve à l'appui de mon assertion. Heureusement, la force de nos positions, le tir rapide et bien dirigé de nos batteries promptement concentrées, la ténacité et le sang-froid de l'amiral Jauréguiberry, ont transformé en journée indécise une action qui eût pu tourner en désastre.

Nous sommes donc au nombre de cinq à six cents tirailleurs éparpillés sur toute la largeur du plateau, regardant les Prussiens qui nous observent à l'aise, échangeant nos commentaires, grignotant une croûte réservée de la veille. Nos fusils avaient grande envie de partir, de recommencer la musique d'hier, mais défense expresse est faite de brûler sa poudre à si grande distance. Nous ne savions que penser.

A huit heures du matin, plus de doute, un de nos compatriotes, brigadier aux chasseurs d'Afrique, apporte à tous les tirailleurs l'ordre de rentrer immédiatement dans Vendôme. Les 2e et 3e bataillons s'y retrouvent sans avoir essuyé de trop grandes pertes : une quinzaine d'hommes hors de combat. Le 1er bataillon est déjà hors de Vendôme.

On se hâte, une arrière-garde de gendarmes fait évacuer de force toutes les maisons et pousse les traînards. Nous emboîtons le pas à la suite d'autres bataillons d'infanterie. Tout ce monde dépasse les ponts du Loir, minés, et autour desquels se trouvent des sapeurs du génie prêts à les faire sauter. A la gare, qui s'élève au centre de la vallée du Loir, dans une immense prairie, nous faisons halte en vue d'une reconstitution de nos rangs; on essaye d'introduire l'ordre dans la marche. Un convoi de blessés part surmonté d'un drapeau blanc.

On s'arrête une demi-heure dans un petit village situé à trois kilomètres de Vendôme, à la bifurcation des routes de Vendôme à Paris et au Mans. On y reçoit du lard et du biscuit, les bidons absorbent la bonne moitié de ce qui nous reste en bourse, et l'on s'ébranle dans la direction du Mans. Ordre est donné de pousser jusqu'à Saint-Calais, à trente-trois kilomètres de Vendôme. A gauche de la route, un bataillon de chasseurs fait la garde autour d'un pont de bois que le génie est en train de brûler.

De fortes détonations nous annoncent que dans l'intérieur de Vendôme les ponts du Loir ont sauté.

Nous prenons notre place dans l'immense colonne qui se dirige vers Saint-Calais, petite ville sur la limite *est* du vaillant département de la Sarthe. On apprend qu'une de nos batteries, pour s'être trop attardée dans Vendôme, est tombée au pouvoir de l'ennemi.

Nous remontons la rive droite du Loir jusqu'à Aray, théâtre, le 1er janvier suivant, d'un rude combat où a brillé le colonel Thiéry, plus tard commandant de notre brigade. Un mot de lui qui peint ce vigoureux et intelligent officier : à Aray, il a son cheval tué par un obus; lui, le visage en feu, le képi à la pointe de son sabre, se retourne

vers sa petite colonne et lui dit : « Bravo ! voilà
« qui est bien pointé, j'aime ça ; les obus sont
« faits pour couper l'homme et les balles pour
« percer la poitrine ! »

L'ordre règne à peu près dans les rangs, les
stations ne sont pas trop fréquentes aux portes
des cabarets, les fricoteurs s'observent ; ceux qui
n'ont jamais eu la gorge desséchée par des marches incessantes, brûlante des émotions du combat, jetteront des hauts cris ; je leur réponds : à
mauvais entendeur, salut ! Un croc-en-jambe à la
discipline de route, pour qui est sûr de rattraper
sa colonne, n'est pas toujours chose mortelle, le
pardon ne s'en marchande pas.

Des batteries couronnent les hauteurs, prêtes à
ouvrir le feu sur toute apparition inquiétante ;
elles surveillent tout spécialement la colline que
contournent les routes de Tours et de Blois.

Une retraite offre toujours matière à des
réflexions amères : les jeunes soldats comme nous
sont très-enclins à la mélancolie. « Toujours des
« retraites, disions-nous, ne jamais pousser de
« l'avant, être acculés d'un point sur l'autre ;
« aucun de ces enivrements, rien de cette fièvre
« nés d'une marche offensive, se battre sans es-
« poir ! » Telles étaient les pensées d'un grand
nombre.

Sans doute, camarades, Vendôme nous donnait des positions incontestablement fortes ; ces
positions, l'ennemi n'a pu nous les arracher, et

quels sacrifices lui ont coûtés ses efforts ! Sans doute, si nous battons en retraite, c'est librement et à notre heure, mais le coup-d'œil du chef doit dépasser les succès du moment et surtout organiser la défense à venir. Nous cédons à la longue, sous le poids de masses sans cesse renouvelées, et « la victoire, comme l'a dit Napoléon-le-Grand, « appartient aux gros bataillons. »

Je ne suis pas de ceux qui font retomber sur un seul homme les fautes de tous ; assurément, tout militaire à la guerre est responsable de ses actes dans la proportion de sa capacité, de ses forces, et la responsabilité la plus lourde pèse sur le général en chef. Reculer, reculer encore est d'une réalité qui vous monte à la gorge et vous étouffe ; mais accabler nos généraux de la rage de nos espérances déçues, leur imputer nos échecs, nos désastres en se posant soi-même en type de dévouement, de courage, d'énergie, les accuser de trahison, comme certains le proclamaient à qui voulait l'entendre, c'est chose indigne d'un soldat loyal, sincère dans le jugement qu'il porte, jaloux de la revanche future.

Soyons francs, assez amis de la vérité pour reconnaître nos défauts, pour constater et affirmer le mérite partout où il se rencontre. Nos généraux pouvaient n'être pas des génies, mais nous, soldats de six semaines, lancés dans la fournaise sans avoir brûlé une seule cartouche à la cible, avons-nous le droit de nous décerner le titre de soldats parfaits, invincibles? Non. Avouons aussi qu'intrépidité mise à part, l'armée prussienne l'emportait sur nous et de très-haut, non-seulement par le nombre, mais encore par l'unité, la science des manœuvres et la discipline surtout.

Je ne veux pas analyser l'organisation ni la direction de la retraite sur le Mans; les bulletins officiels du général Chanzy sont trop circonstanciés, trop précis pour que j'ose rien y ajouter de mon crû. Du reste, le mot « retraite » implique un spectacle toujours pénible pour l'observateur; les haltes, les repos, qui ont pour objet de donner aux corps isolés le temps de prendre leur place dans le gros de la colonne, l'impossibilité de la simultanéité d'exécution d'un ordre de la tête à la queue, sur une longueur de plusieurs kilomètres, empêchent la colonne de marcher compacte; de plus, l'obligation de se fractionner sur le soir en vue du gîte de la nuit rompt forcément l'unité de la marche. Les détachements, après avoir couché à grande distance les uns des autres, partent le lendemain chacun à son heure, arrivent à l'étape subdivisés et multiples : on se retrouve à la dernière étape presque au complet; bref, on finit toujours par retomber sur ses quatre pattes.

Notre compagnie coucha à Savigny, gros bourg sur la limite du Loir-et-Cher, à sept kilomètres en deçà de Saint-Calais; une forte colonne prussienne y avait stationné lors de la première tentative du grand-duc de Mecklembourg contre le Mans.

Nous avons reposé sur de la paille bien fraîche ; le propriétaire nous a régalés de cidre. Beaucoup ont payé par d'atroces coliques leur passion subite pour cette boisson.

Le 17 décembre, à neuf heures du matin, nous continuons notre route sur Saint-Calais. Poussés par les gens du pays, qui affirmaient l'apparition en vue du bourg de têtes de colonnes prussiennes, et la prise par leurs éclaireurs de cinquante voitures de transport, nous pressons le pas. Leur désir de nous savoir loin dérivait de leur crainte qu'un combat livré en vue de leurs maisons ne les réduisît en cendres.

C'est l'explication la plus charitable que je puisse donner de l'empressement, très-remarquable en certains lieux, des habitants à hâter nos apprêts de départ.

Les habitants de Saint-Calais ne savent où donner de la tête, accablés qu'ils sont par ce flux et reflux de troupes qui traversent leur ville. Halte de rechef à Saint-Calais : nous en partirons dans une heure.

III. — Bouloire. — Episode. — Le Mans. — Changé.

Saint-Calais a largement payé son tribut aux réquisitions et au pillage de nos envahisseurs.

Une note célèbre et toute vibrante du patriotisme le plus énergique du général Chanzy , à la fin de décembre, a eu pour cause le pillage de Saint-Calais. Elle a porté au commandant prussien de Vendôme l'expression de l'indignation, de la colère la plus sainte qui fut jamais.

Saint-Calais n'offre pas grand intérêt en tant que position militaire. Toutefois, les nombreuses routes qui s'y croisent et qui de là conduisent, soit au nord, vers Châteaudun et Chartres ,. vers Nogent-le-Rotrou ; soit au sud, dans la riche vallée du Loir ; soit à l'ouest, vers le Mans, donnaient à cette ville une sérieuse importance dans les circonstances présentes, par suite de l'engouffrement des troupes par la même voie.

Deux routes principales conduisent de Saint-Calais au Mans : l'une, par Bouloire, Ardenay, Yvré-l'Evêque ; l'autre, par Grand-Lucé et Pavigné-l'Evêque.

A Saint-Calais, pas de distribution de vivres en dépit des promesses réitérées ; les bourses sont bien près d'une sécheresse à fond. La compagnie, qui a constamment marché réunie malgré ses mécomptes, part de Saint-Calais, sous la conduite du sergent-major Chevalier qui, au Mans, la remet à qui de droit sans avoir perdu un seul homme : franchement, c'était bien marcher.

Notre deuxième étape est Bouloire, à seize kilomètres au-delà de Saint-Calais. Je ne décerne point le prix de beauté au pays compris entre Saint-

Calais et Bouloire. Je suis peut-être injuste; mais par ce ciel de décembre, sombre comme mon âme, je voyais tout en noir.

En route, nous mettons à sac une voiture de pain sous le nez d'un sous-intendant; le larcin n'en était que plus savoureux. Du reste, une fois pour toutes, je demande pour moi et les miens une absolution en bloc de ce petit péché, et je confesse que ce n'est ni la première, ni la dernière fois.

Nous sommes dépassés par une voiture emmenant, entre deux gendarmes, deux dragons de la garde prussienne : ils ont été pris le matin, entre Epuizay et Savigny, dans les circonstances suivantes, qui prouvent un remarquable courage de la part de trois de nos camarades : le sergent-fourrier Berthier, de la 4e compagnie de mon bataillon; le sergent Ramus et le caporal Mathon, du 1er bataillon.

Nos amis, épuisés par toutes les journées de fatigues qui ont précédé et suivi la bataille de Vendôme, Berthier, souffrant, en outre, d'une très-violente névralgie, avaient persisté à suivre la colonne à distance. Voilà la preuve la plus incontestable de la valeur d'un soldat, alors que tant d'autres fléchissent et se laissent mollement ramasser par l'ennemi.

Tous trois avaient couché, le 16 décembre au soir, dans une ferme isolée de la route, a quelques kilomètres en arrière de Savigny. La cava-

lerie prussienne était à Epuizay. enlevant tous les
traînards, poussant ses éclaireurs sur tous les
chemins.

Nos amis, à huit heures du matin, se sont
remis en marche sur Savigny, lorsqu'à l'entrée
d'un hameau de quelques maisons ils rencontrent
une femme échevelée qui leur crie : Sauvez-vous !
les Prussiens sont dans le village !

Bast, si les Prussiens sont là, nous les verrons
bien, répondent-ils en chargeant leurs armes.

Et tous trois s'avancent, le fusil chargé et en
arrêt.

Soudain, à un coude que fait la route à l'entrée
du village, débouche un dragon prussien au triple
galop : il décharge contre nos amis son mousque-
ton, mais les manque; puis, franchissant une
haie vive par un bond prodigieux de son cheval,
s'élance dans un terrain boueux qui ralentit sa
course. Les nôtres qui, l'ayant mis en joue,
l'ont suivi, saisissent le cheval et désarçonnent
son cavalier, que Berthier désarme (il a le mous-
queton chez lui, c'est une preuve indiscutable).
Puis, maîtres du dragon et de la bête, ils entrent
dans le village, lorsque sur la place, et se dirigeant vers eux, ils aperçoivent un deuxième dragon prussien s'avançant au pas tranquille de son
cheval, et poussant doucement devant lui vingt-
six soldats de la ligne désarmés ! De jeunes soldats,
sans doute, surmenés par cette campagne si dure,

et peut-être ramassés pendant la nuit, à demi-morts de faim sur les tas de pierres!

Quoi qu'il en soit, arrêter le deuxième cheval et son cavalier, enlever à celui-ci ses armes et délivrer les prisonniers, fut l'affaire de quelques minutes. Les vingt-six soldats de la ligne disparurent comme par enchantement.

Nos camarades conduisirent au général Chanzy les dragons et leurs chevaux. Ces derniers furent achetés 400 fr. par le général Chanzy et son aide-de-camp.

Enfin, nous arrivons à Bouloire, joli bourg, gens affables. La compagnie loge tout entière dans une grange bien fermée, mais donnant sur un cimetière.

Je me suis couché brisé de fatigue, ayant grand besoin de dormir. Cependant, la vue de ces croix, de ces monuments funéraires, m'a jeté la tristesse dans l'âme; ma pensée, presque malgré moi, s'est reportée dans ces champs ravagés où reposent pêle-mêle, confondus dans la grande fosse commune, les amis morts pour la patrie, et je n'ai pu, à ce souvenir, me défendre de réflexions amères, de pressentiments noirs. Et maintenant, camarades, recevez le dernier adieu du soldat vivant au soldat mort pour la patrie. Reposez en paix, sous le regard de Dieu, qui a béni par votre sang cette terre désolée; que le Dieu des armées reçoive votre âme! A vous aujourd'hui, à nous demain!

Mais, silence au sentiment, la guerre n'en veut pas. Un brave homme qui a régalé mon escouade d'une excellente soupe à l'oignon, me démontre par A plus B que cinq cent mille hommes se concentrent au Mans. L'ennemi sera bien osé, bien terrible s'il pousse à fond de ce côté; en tout cas, il court grand risque de payer cher son audace. Dominique Chevalier, notre chef de détachement, nous prévient que demain, 18 décembre, on ira, coûte que coûte, au Mans. Avis aux traînards, aux fricoteurs qui, pour une demi-goutte, laissent si volontiers filer leur colonne.

Le 18 décembre, troisième jour après notre départ de Vendôme, la compagnie s'engage, à partir du petit village d'Ardenay, à dix kilomètres de Bouloire, dans l'immense forêt qui protége et enferme le Mans comme d'un rempart impénétrable. Le sol s'élève par degrés, formant comme autant de bastions soudés l'un à l'autre, dominant et enfilant la grande route et les chemins transversaux de la forêt. A Yvré-l'Evêque, douze kilomètres d'Ardenay, nous traversons la grosse rivière de l'Huisne, qui a joué un rôle si important dans la défense du Mans. A trois heures du soir, nous sommes cantonnés dans une ferme, aux portes de la ville. Vite une piste au Mans.

Le Mans m'a paru, et les hommes compétents l'ont dit, comme la topographie du lieu le démontre, une position formidable, soit au point de vue de la résistance en tant que point d'appui extrê-

mement solide en vue de grands efforts, soit au
point de vue de l'offensive en tant que base d'opérations. Et d'abord la forêt qui peut abriter tant
d'embuscades, tant de piéges, puis sept grandes
voies ferrées qui rayonnent sur Paris, Cherbourg,
Tours, Angers, Rennes, et ont toutes un croisement commun, le Mans ; autant de grandes routes
parallèles à ces chemins de fer, autant de facilités
incomparables de vitesse pour les concentrations
de troupes, pour les approvisionnements. — En
deuxième lieu, la rivière de l'Huisne forme comme
un demi-cercle dont le rayon, à partir du Mans,
situé au centre de la circonférence, varie de cinq
à trois kilomètres ; au-delà de la rivière, entre
celle-ci et la ville, une ceinture de hauteurs dominent le Mans et rendent un bombardement impossible. La rivière est profonde, et les hauteurs ou
plutôt le plateau continu commande la forêt, ses
routes et ses voies ferrées à plusieurs lieues à la
ronde.

M. Gambetta, m'a-t-on assuré, se trouvait au
Mans ce jour-là ; un énorme ballon se balançait dans
les airs et servait d'observatoire contre l'ennemi
qu'il signalait à sept lieues. Le ministre de la guerre
de ce temps avait déclaré « qu'il brûlerait le Mans
« plutôt que de le rendre. »

Je ne m'étonne point qu'il tînt si énergiquement
à la possession du Mans. Quoi qu'il en soit, les
habitants de cette ville avaient tout intérêt à faire
provision d'amiante. Rôtir de la main d'un Prus-

sien ou de celle d'un Français, c'est tout un. En tout cas, il est certain que le terrible ministre avait si bien convaincu les braves Manceaux de la force de leur ville, qu'ils en proclamaient la prise tout aussi impossible que l'escalade de la lune. En ce temps-là on croyait aux discours, on dédaignait la logique des événements.

Le 19 décembre, on nous dirige sur le camp dit de Pontlieu, camp assis au milieu des sapins, aux portes de la ville, à droite du chemin de fer de Tours, sur la rive droite de l'Huisne. La moitié du régiment s'y trouvait déjà ; on y resta trois jours par un froid de douze degrés ; la forêt a vu tomber bon nombre de jeunes pins. Le 22 décembre, nous allons rejoindre au bivouac de Changé le premier bataillon et trois compagnies du deuxième qui y sont cantonnés. Changé est une position intermédiaire entre Yvré-l'Evêque et Pontlieu. Nous sommes restés dans ce petit village du 22 décembre au 4 janvier, entourés par les habitants d'une bienveillance extrême. Ce temps fut consacré à la réorganisation de l'armée de la Loire : trois corps d'armée, les 16e, 17e et 21e, couvraient le Mans, cantonnés dans les villages qui devaient être, le cas échéant, leur place de bataille. Le 27e mobiles fut incorporé d'abord dans la première, puis dans la troisième division du seizième corps (amiral Jauréguiberry); il ne quittera cette division que pour la route du pays.

La vie de garnison essaya de s'imposer à nous

pour la première fois ; appels, revues, monceaux d'écritures infligées aux comptables, un semblant de rééquipement pour nos hommes qui vont nu-pieds et en haillons. Mais au moins on dort tranquillement, pas d'alertes, l'ennemi est loin, nous nous plaisons à croire avec les habitants qu'ils n'osent attaquer le Mans.

Notre redoutable adversaire, le prince Frédéric-Charles, hésitait peut-être, mais il calculait son coup ; il se tenait sur une défensive qui n'était qu'apparente ; il attirait à lui, sous Vendôme et sur les routes du Mans, toutes ses têtes de colonnes, il concentrait ses masses en main. De notre côté, on tâta l'ennemi dès la fin de décembre : quatre colonnes mobiles, comme des flèches de la grande armée du Mans, opéraient dans les vallées de l'Huisne et du Loir, et sur les routes de Saint-Calais et de Montoire ; cette tactique nous valut plusieurs succès partiels, *mais le vrai coup de chien était encore en l'air.*

Les renforts affluent au Mans des quatre coins de la France ; la quantité énorme d'approvisionnements, de munitions qui s'y amassaient, les travaux de retranchement exécutés dans les points les plus faibles par la configuration du terrain, démontraient aux moins clairvoyants la résolution d'une lutte à outrance. D'autre part, le silence, l'immobilité si extraordinaires de l'ennemi, les renforts qui lui parvenaient en hommes et en canons, la lenteur méditée de ses préparatifs, nous

annonçaient pour le jour et l'heure, une attaque
à fond contre nos lignes. C'est à la tête de ses
deux armées réunies que Frédéric-Charles se lan-
cera à l'assaut du boulevard de la France de l'Ouest.
A quand le grand effort? Nous touchons à la solution du problème.

FIN DE LA PREMIÈRE PARTIE.

DEUXIÈME PARTIE

CHATEAU-RENAUD. — COMBATS DE SAINT-CYR. — VILLECHAUVE. — SÉMINIS. — VILLEPORCHER. — COMBAT. — RETRAITE SUR LE MANS. — ECOUNNOY. — LA FLÈCHE. — RETRAITE SUR LAVAL. — LA BAZOUGE. — LAVAL. — COMBATS DU POINT DU JOUR ET DE SAINT-MÉLAINE.

CHAPITRE PREMIER

Château-Renaud. — Boulay-Sounay.

I. — Château-Renaud.

Le 1er janvier de l'année 1871, si grosse d'angoisses à venir, nous avait surpris prêtant l'oreille au bruit du canon qui tonnait, mais lointain, dans la direction de Tours. Le 3 janvier on lisait aux compagnies rassemblées un ordre du jour confirmant un audacieux coup de main exécuté par le général de Jouffrey, sur Montoise, et dans lequel avait pris une part brillante un de nos officiers les plus aimés, récemment nommé officier d'ordonnance de ce général, M. le capitaine Lombard de Buffières. L'ordre du jour en question faisait préface à une énergique proclamation de Chanzy nous exhortant à élever nos cœurs et nos âmes à la hauteur de grands sacrifices tout proches. Bref, le temps était chargé d'orage. Dans la nuit du 3 au 4 janvier, ordre nous fut donné de préparer notre départ de Changé pour cinq heures du matin ; destination inconnue.

Un départ dans la vie du soldat en campagne est toujours chose grave. En outre, les circonstances particulières dans lesquelles on se trouvait, cet ordre nocturne, ces sonneries multipliées pressant nos préparatifs, donnaient à ce départ une signification de spéciale importance.

Divers bruits circulaient depuis quelques jours : l'un disait que l'armée, bien reposée, considérablement renforcée, sérieusement réorganisée, ne tarderait pas à reprendre l'offensive et à marcher sur Paris ; un autre, que nos trois corps d'armée, convergeant sur Vendôme, tâcheraient de couper l'armée, jugée trop éparse, de Frédéric-Charles et de lui infliger un de ces désastres dont nos ennemis nous avaient appris le secret ; un troisième enfin, que toutes nos divisions, sortant de leurs cantonnements, iraient occuper les magnifiques positions en avant du Mans et offrir la bataille à l'ennemi, que l'on savait approcher.

Cette dernière version était la plus accréditée ; l'événement seul m'a prouvé le contraire. Donc,

4

dès quatre heures du matin, le régiment, réuni
sur la place de Changé, est en voie de s'aligner en
vivres pour cinq jours. Les bataillons s'embar-
quaient par ordre de numéro à la gare du chemin
de fer de Tours. Le temps pressait.

A midi nous sommes en vagons, fort bien ins-
tallés, ma foi, vagons de seconde. Aussi comme
on se carrait ! C'est le propre du métier d'étouffer
les prévisions de l'avenir, de croire à l'éternité du
présent qui convient. Au dernier moment, j'entends
le chef de gare murmurer à l'oreille d'un officier
que le régiment est envoyé à Château-Renaud, sur
la limite de l'Indre-et-Loire et du Loir-et-Cher,
pour relever un régiment de ligne, qui protégeait
de nombreux ouvriers travaillant à la reconstruc-
tion d'un pont. « Les Prussiens, ajoute-t-il, ont
« abandonné, il y a quelques jours, la ligne de
« Tours à Château-Renaud, non sans lui laisser
« quelques souvenirs de leur passage ; ils ont
« enlevé une longue pose de railway et tenté de
« faire sauter un magnifique viaduc dont une ar-
« che seule s'est effondrée ; votre mission sera
« donc toute de protection, toute d'expectative. »
Fort bien, allons-y. Je ne puis en saisir davantage ; le sifflet de la locomotive coupe sur le coup
au discoureur le fil de ses paroles et ses commentaires. Nous voilà lancés à toute vapeur sur la
route de Tours.

Pas ou presque pas d'arrêts. J'ai souvent
remarqué l'empressement qu'apportait le gouver-

nement à nous expédier à la boucherie, et les bâtons qu'il jetait dans les roues des trains qui devaient nous ramener chez nous.

Un salut à la dérobée à la jolie petite ville de Château-du-Loir, fameuse dans l'Ouest par les vins blancs des coteaux du Loir : j'espère le goûter sous peu ; est-ce un pressentiment? A quatre heures du soir, nous contemplons les hauteurs de Notre-Dame-d'Oë et les clochers nombreux du pénitencier de Mettray. Tours, dix minutes d'arrêt ! les uns patinent sur la glace d'une mare voisine, la plupart courent remplir leurs bidons ; nous prenons la voie de Tours à Paris par Vendôme.

A la gare de Mounoye, point équidistant de Tours et de Château-Renaud, le train, par suite de l'encombrement de la voie, subit un arrêt forcé de deux heures ; on rend visite aux habitants du lieu. Mounoye a été, il y a peu de jours, le théâtre d'un combat où ont brillé nos camarades divisionnaires d'Indre-et-Loire : les barrières de la voie brisées, le sol d'alentour piétiné, défoncé par les roues des canons, quelques maisons brûlées, voilà les indices indiscutables de la lutte.

Je m'endors par-dessus ce souvenir, et il est minuit quand le cri : Château-Renaud ! nous avertit de l'arrivée à destination. Une gare isolée, une nuit glaciale, claire heureusement, car dans ce métier il faut s'aligner, s'assembler et défiler en ordre par tous les temps et à toute heure.

On entre dans la ville par une rue longue, large

et très-raide. Pendant que le colonel cherche un gîte pour le régiment, j'essaie de dévisager le pays. Château-Renaud, avec ses constructions qui couronnent une crête élevée, et le ravin profond qui borde la ville à l'est, avec les routes nombreuses qui de là conduisent à Tours, Blois, Vendôme, Amboise, le Mans, ressemble à l'aire d'un aigle qui de cette hauteur interroge tous les points de l'horizon, prêt à fondre sur l'audacieux qui osera l'attaquer. J'ai dit qu'il faisait grand froid; on bat la semelle, on ébranle les portes à coups de crosse redoublés, on tempête et on crie à réveiller les morts. Au bout d'une heure de recherches, pas de gîte; le régiment est dirigé sur la route de Boulay, à six kilomètres de Château-Renaud, direction de Montoire. Nous nous croisons en route avec les troupes qui rentrent à Château-Renaud. Je remarque le régiment des mobiles de la Dordogne, si vaillants à Coulmiers. A ma question : Où se trouve le viaduc? ils me répondent d'un air fort étonné que jamais, durant les quatre jours qu'ils ont passés dans le pays, ils n'ont assisté l'arme au bras à la réparation d'un pont. Je conclus de là que nous sommes venus non pour attendre l'ennemi, mais pour le chercher.

II. — Boulay-Sounay.

Boulay, petit amas de trente à quarante maisons, regorge de monde; deux compagnies de

mon bataillon ont la chance de coucher à la paille ;
tout le reste, y compris la mienne, est réduit à
dormir sur des fagots qui attendent leur tour ; les
feux flambent de toutes parts.

On prépare le café, ce nectar bienfaisant, l'ami,
presque la vie du soldat, qui égaie son cerveau
et réchauffe son cœur, le préserve des fièvres et
lui donne vigueur, jarrets, énergie. Ainsi le 5
janvier, au matin, nous avons pris notre cher
café, la soupe est sur le feu ; décidément on
se soigne, mais voici que le demi-escadron de
cuirassiers qui nous est de compagnie part précipitamment dans la direction de Château-Renaud.
Nos clairons, sonnant sur le coup l'assemblée
du régiment, nous dispensent de tout commentaire. Un quart d'heure après nous marchons sur
les traces des cuirassiers.

Le vin était à bas prix, à Boulay, aussi le visage animé des hommes, leur pas alerte et décidé
à travers les rues montueuses de Château-Renaud
leur valurent mille propos flatteurs. Demain ils
affirmeront leur valeur par deux actes. Le régiment, qui a dépassé la rue longue de l'est à l'ouest,
partageant la ville en deux parties égales, se range en bataille sur trois lignes au sommet d'un plateau qui domine Château-Renaud du côté nord-
ouest, et la route de Boulay à l'ouest.

Le terrain est plat en avant de nous, nul obstacle qui limite l'horizon : il y a donc tout lieu de
croire qu'on ne sera pas surpris par là. Nous

sommes à cheval sur la route de Vendôme, faisant face à cette ville où stationne le corps d'armée du général prussien Hartmann. Le canon a grondé tout le matin, l'ennemi est proche, ses attaques fréquentes et soudaines; toutefois, depuis midi nos reconnaissances ne signalent pas de retour offensif. On se chauffe donc en sécurité autour des feux qu'alimentent les échalas arrachés aux vignes qui couvrent le versant du plateau.

Après deux heures d'immobilité dans ces dispositions, nous traversons de nouveau la ville et nous prenons la route d'Amboise, qui contourne le ravin bordant Château-Renaud à l'est; à un kilomètre au-delà, nous quittons la route d'Amboise pour celle de Blois; toutes deux ont un point commun de bifurcation en dehors de la ville. Après une heure de marche tout au plus, nous arrivons à la hauteur du château dit de la Monnerie; le long d'un chemin qui aboutit au village de Sonnay et qui est perpendiculaire à la route, sont rangés une demi-batterie d'artillerie et un escadron de hussards; la fusillade, qui a tourné à deux heures à l'est de Château-Renaud, est très-vive à notre gauche; le canon se mêle à la partie; l'ennemi, qui veut sonder la forêt de Château-Renaud et les nombreux villages commandant les débouchés, défile avec une rapidité extrême devant nos positions, qu'il couvre de projectiles; l'action ne cesse qu'à la nuit tombée; les Prussiens se retirent sur Saint-Amand et Vendôme, la cavalerie et l'artillerie rentrent à Château-Renaud, ainsi que le cinquième bataillon de l'Isère (du 76ᵉ provisoire), qui s'est particulièrement distingué ce jour-là.

Le régiment se fractionne en vue du gîte de la nuit et aussi en vue des dispositions qui seront, le cas échéant, celles de combat : le premier bataillon se porte en avant sur la route de Blois et va se cantonner dans les bâtiments du château de la Monnerie qui, assis sur un mamelon à droite de la route, surveille une vaste plaine et les dernières ramifications de la forêt de Château-Renaud à plusieurs kilomètres à la ronde ; deux compagnies de ce bataillon partent en grand'garde avec ordre d'observer scrupuleusement deux éclaircies de terrain par où peut être tournée la forêt.

Le deuxième bataillon, quittant la route de Blois, se porte, par un ravin, au petit village de Sounay, sur une autre route parallèle à celle de Blois, et desservant les nombreux villages qui avoisinent la forêt.

Le troisième bataillon se cantonne en arrière du premier bataillon, dans les fermes qui bordent la route de Blois ; notre compagnie couche dans un moulin, entre Sounay et la Monnerie, reliant ainsi les premier et deuxième bataillons.

En résumé, on voit par les dispositions ci-dessus que notre mission consiste à défendre l'épaisse forêt qui s'étend à l'est et au sud-est de Château-Renaud, sur une longueur de sept à huit kilomètres ; elle est percée de plusieurs routes ;

quatre ou cinq villages, Villechauve, Villeporcher,
Saint-Cyr, Authon, adossés à la face nord de la
forêt et commandant par les hauteurs le chemin
de fer de Vendôme, en font un solide rempart, un
obstacle des plus faciles à défendre pour qui veut
couvrir Château-Renaud contre une attaque partie
de Vendôme ou de Blois; ses ramifications touchent à Saint-Amand, elle peut donc servir d'un
point d'appui excellent à un corps d'armée marchant sur Vendôme.

Huit jours auparavant, les Prussiens avaient
réquisitionné et mis à sac le pays. Ils avaient
dit hautement, lors de leur retraite, que sous
peu ils reviendraient visiter, et en sérieux appa-
reils, les habitants du pays.

Les événements qui se précipitent hâteront leur
retour.

CHAPITRE II.

Combats de Saint-Cyr et de Villechauve. — Saint-Amand. — Première attaque sur Villeporcher. — Séminis. — Combat de Séminis.

I. — Combats de Saint-Cyr et de Villechauve.

En résumé et comme aperçu d'ensemble de ces dispositions défensives, on peut facilement saisir que nous sommes chargés de surveiller les débouchés de la forêt, relativement profonde, qui, à l'est de Château-Renaud, s'étend dans la direction de Saint-Amand-de-Vendôme et de Blois, par le sud-est, sur une longueur de huit à dix kilomètres; cette forêt masque dans un certain parcours la route de Blois. Plusieurs villages adossés à la face nord et nord-est, constituent autant de points défensifs en cas d'abandon de la ligne du chemin de fer de Château-Renaud à Vendôme, par Saint-Amand. De nombreux passages la traversent, qui, tous, relient ces villages à Château-Renaud, centre de ce vaste demi-cercle, de telle sorte que cette dernière ville peut être considérée comme un fort couvert par autant de bastions avancés, tous soudés l'un à l'autre pour le service de la défense par un chemin qui contourne la forêt dans toutes ses inflexions d'assise, et passe par le village de Villeporcher, bientôt célèbre dans les annales du régiment, grâce au 2e bataillon qui y a arrêté une division prussienne.

Etant donné cet aperçu, autant que possible exact, revenons au moulin où nous avons couché.

La nuit a été d'un calme parfait dans ce moulin, dont le maître n'a pas marchandé sa paille ; le ravin bien dissimulé où coule le ruisseau qui en fait mouvoir les roues, a étouffé tout bruit suspect, si bruit il y a eu.

Le meunier, un cœur vraiment français, me raconte, sur les dix heures du soir, au coin de son feu, en vue d'une vieille bouteille, qu'il a reçu, il y a dix jours à peine, la visite des Prussiens ; ces messieurs n'ont pas été trop exigeants : ils se sont contentés d'une forte réquisition d'avoine ; mais, en revanche, ils ont ravi à l'étable du voisin cinq bêtes à cornes, son unique propriété.

« Tenez, conclut le meunier en forme de
« péroraison, mes visiteurs (est-ce jactance, est-
« ce sûreté du succès), m'ont annoncé, pour moi
« et les environs, une visite à huit jours d'é-
« chéance ; il y a onze jours et plus d'écoulés
« depuis cette promesse. Je vois à Sounay et
« autour de Sounay tant de jeunes gens à tour-
« nure résolue, que je suis tenté de renverser le
« bonnet et de vous dire : à un mois l'expulsion

« de France de tous nos ravageurs. » Nos verres se choquèrent une dernière fois, sa main pressa la mienne, et je me dirigeai le cerveau gai, le cœur léger, vers la paille où ronflaient les camarades.

J'aurais fait volontiers élection de domicile au coin du feu du brave meunier; mais le 6 janvier, dès 7 heures du matin, nous recevons l'ordre de rejoindre le bataillon à Sounay. Pendant que la soupe est sur le feu, une fusillade très-vive éclate à gauche du village, au-delà de la forêt, dont deux cents mètres à peine nous séparent.

La fusillade ne tarde pas à s'étendre : nul doute que l'ennemi ne dirige une attaque en force contre les villages de Villechauve, de Villeporcher, de Saint-Cyr, qui bordent le côté nord de la forêt. Le canon tonne à partir de dix heures par coups mesurés; le tir n'en est pas précipité.

La 2e compagnie (capitaine de Courtenay), du 2e bataillon, part en reconnaissance dans la direction de Villeporcher; une autre compagnie, la 6e, se trouve en grand'garde depuis la veille : c'est signe tout au moins d'alerte. Au bout de deux heures, la 2e compagnie rentre à Sounay : elle signale de forts pelotons d'éclaireurs observant les divers débouchés de la forêt; l'action principale semble se concentrer autour de Villechauve et d'Authon. Ce dernier point n'a pu être enlevé à l'ennemi.

Le 2e bataillon tout entier reçoit l'ordre de se

tenir prêt au départ dès le premier signal, et sans bruit ; on repose assis sur le sac, le fusil à portée de la main. On nous annonce, à titre de renfort, l'arrivée prochaine du 3e bataillon. Notre destination présente est de servir de réserve et de secours, en cas de retraite, aux quelques bataillons engagés au nord de nos positions.

A onze heures, sans que nul ordre de départ ait été donné au bataillon, nous retrouvons notre tour de grand'garde. Nous sommes saisis, lors de la sonnerie d'assemblée pour la compagnie, d'un pressentiment qui, par deux fois, avait dit vrai : c'est que la 6e compagnie signale toujours l'ennemi, reçoit les premiers *atouts*, et que toujours nous arrivons, nous, pour continuer l'héritage : aux Bardons, à Beaumont et à Vendôme cela ne s'était-il pas vu ?

Une bonne soupe de riz, surveillée de toute notre âme, s'achevait sur le feu, on la jette : sac au dos, fusil sur l'épaule, le ventre creux, nous partons.

On traverse sans encombre le passage que perce la route au milieu de la forêt, à l'est de Sounay. Un poste garde en cet endroit un chemin perpendiculaire à la route et remontant au nord, vers le petit village de Villeporcher ; c'est là que veille la 1re section de la 6e compagnie ; le sous-lieutenant Clemençon, un loyal soldat, un officier dévoué, la commande. A notre gauche, le canon précipite ses coups, active son tir.

Notre compagnie, à trois cents mètres de là, se jette par un à gauche dans un vaste champ de blé, et marche en bataille sur les traces du sergent Rivier, excellent instructeur en même temps que joyeux camarade ; il a pris pour objectif une ferme isolée, distante de la route de sept à huit cents mètres à peu près, et de Sounay, de trois kilomètres.

En avant et à l'est de la ferme, s'est précipitée la 2e section de la 6e compagnie, sous les ordres du vaillant capitaine d'Agoult. Celui-ci, comme aux Bardons, est en train de donner la chasse à de petits pelotons de hulans qui se hasardent par intervalles à l'horizon qu'il surveille.

A notre droite, et masquant la ferme, s'aperçoit à quelques centaines demètres un petit bois, qui paraît être un bouquet d'arbres détaché de la forêt qui s'allonge au sud-est. C'est là que se sont glissés les tirailleurs de la 6e compagnie.

A l'instant même où la compagnie s'est rangée en demi-cercle autour de la ferme, à l'abri d'une ligne de saules qui lui sert de ceinture, débouche au triple galop un groupe de hulans (on voyait partout des hulans, me dira un expert en nuances. J'affirme que c'était des hulans, par leur manteau noir, par le feu de leurs lances brillant au soleil). Nous ouvrons aussitôt le feu, de concert avec les camarades de la 6e, deux hulans tombent, le reste du peloton se disperse et s'enfuit au galop.

La 6ᵉ compagnie nous cède bientôt sa place, nous voilà sur les dents; la 2ᵉ section de la compagnie occupe le petit bois, sous le commandement immédiat du lieutenant Mayade, un officier d'expérience et d'énergie.

La 1ʳᵉ section continue à border la ferme.

Nos hommes, avec une dextérité parfaite, ont saisi l'importance et la facilité de vue de ces deux positions; ils sont convaincus que notre petit nombre et l'espace considérable à surveiller leur imposent un redoublement de vigilance. Aussi, comme ils s'espacent sans mot dire, se dissimulent derrière les arbres et font chut à leur langue d'ordinaire si peu sage! Ainsi disposés, ils sondent les bois, la plaine, la colline qui la surplombe du côté du village de Saint-Cyr; ils attendent. Combien le chassepot nous brûlait à ces heures.

Une ligne de tirailleurs descendait au petit pas la colline, à seize ou dix-huit cents mètres de nous, se défilant avec une précision automatique à l'abri des murs de clôture; elle s'arrêtait par moment, opérait, sans qu'il en parût rien, des changements de direction à droite ou à gauche: en un mot, fouillait tout le terrain en avant du village de Saint-Cyr, assis sur la lisière nord-est de la forêt. Le lointain cachait trop la couleur d'uniforme pour que nous en pussions bien juger; heureusement, un groupe d'éclaireurs, ceux de tout à l'heure, ralliés sans doute, part au galop

dans la direction est de la forêt, Tours, les manteaux noirs et les lances brillantes. Nous ouvrons
le feu à nouveau : le peloton de cavalerie s'éparpille en faisant volte-face, laissant un homme et
un cheval sur le sol.

Leur soutien, les tirailleurs restés en expectative pendant cette pointe d'observation, ripostent
par quelques charges perdues, se dissimulent
rapidement à la faveur d'un mur qui leur sert de
pivot, puis franchissent rapidement la crête de la
colline, hors de la portée de nos chassepots.
Oncques infanterie prussienne ne reparut de ce
côté pendant toute la journée. Pendant cette légère variante à la polka d'ensemble, le deuxième
bataillon a quitté Sounay pour marcher sur le feu ;
il a traversé le village de Villeporcher, qui occupe
le centre nord de la forêt de Château-Renaud, un
point symétrique à Sounay, par rapport à une
perpendiculaire qui n'est autre que la forêt elle-
même.

A deux heures, les six compagnies restantes du
deuxième bataillon, la nôtre est de grand'garde,
sont entrées en ligne, couvertes d'un mince rideau
de tirailleurs tirés de leurs rangs : elles occupent
l'espace compris entre Villechauve et Villeporcher,
au nord-ouest de ce dernier village, balayent suc-
cessivement les postes d'observation poussés de
Saint-Amand sur Château-Renaud, et se trouvent
bientôt en vue de Saint-Amand, d'où les batteries
prussiennes l'arrêtent un instant ; le bataillon, à

partir de ce moment, s'appuie par sa droite au 40e de marche. Le corps d'armée prussien en station à Vendôme, qui n'est distant de Château-Renaud que de 26 kilomètres, est sorti en masse de son poste d'observation par la grande route de Tours à Vendôme ; il s'est massé autour de Saint-Amand, puis s'arc-boutant en deux colonnes immenses, s'allongeant sans cesse à l'ouest et au sud-est, il a attaqué les villages qui commandent le chemin de fer de Vendôme et occupé fortement Authon où viendront se briser nos efforts.

Saint-Amand domine le pays environnant ; maîtres de cette position, les Prussiens commandent les nombreuses routes transversales qui, de la voie ferrée, mènent aux villages limitrophes de la forêt. De plus, la configuration du sol qui de Saint-Amand se déprime en un long berceau se relevant aux abords de la partie boisée, leur déroule tous nos mouvements, leur permet de voir sans être vus.

L'ennemi dès deux heures occupe une ligne parallèle à la nôtre, néglige à tour de rôle telle de nos positions pour se porter en masse sur telle autre ; l'action s'étend sur un front de sept à huit kilomètres ; son objectif, c'est de forcer les débouchés de la forêt sur Château-Renaud, d'où il peut se porter à volonté sur Tours ou sur Blois. Nous prêtons une oreille attentive, car les amis sont là-bas.

Le combat, qui s'annonçait insignifiant ce matin, tout au plus une reconnaissance offensive, est devenu une action des plus vives ; les feux de peloton roulent et se croisent sans interruption, la *chassepoterie* fait merveille et nos quelques pièces s'efforcent de compenser leur infériorité numérique par la rapidité de leur tir et leur prompt changement de positions, car l'officier qui en règle le feu distingue parfaitement trente pièces prussiennes manœuvrant par-delà les lignes de tirailleurs ennemis. L'infanterie prussienne répond à la nôtre par un feu très-nourri, mais l'artillerie, chose extraordinaire au milieu de ces batailles toutes de canon, ne riposte que faiblement ; c'est là très-probablement un dessous de cartes, un rideau à la faveur duquel défilent les masses prussiennes se précipitant vers une autre destination, en vue de l'exécution à bien d'une action de guerre autrement importante. Quoi qu'il en soit, nos cœurs battent bien fort sous l'écho retentissant de ce bruit de mort ; tranquilles du côté qu'ont abandonné les tirailleurs et les hulans prussiens, nous savons qu'à deux kilomètres de nous tombent de braves camarades, et chaque coup de ce tonnerre grondant retentit dans nos cœurs. A quatre heures du soir, l'action qui s'étendait jusqu'aux bords de la *Genne* aux portes de Château-Renaud, se concentre autour et à droite de Villechauve (entre Château-Renaud et Saint-Amand) ; l'artillerie prussienne en batterie sur les hauteurs à gauche de Villechauve couvre de ses boulets la lisière nord de la forêt, mais son bruit meurt par degrés à mesure que la nuit tombe, ce qui semble indiquer que l'ennemi recule. Tout à coup les clairons sonnent la charge, les éclats en arrivent joyeux jusqu'à nous; le cri : en avant! retentit répété par l'écho, et tous les nôtres, qui ont repoussé les Prussiens dans leur dernier effort, s'élancent sur leurs traces, les poussent la baïonnette dans les reins. Aussi, quel frémissement, celui de la victoire acquise, nous envahit tout entiers !

Un hussard nous apporte l'ordre de nous diriger en toute hâte sur le feu, tout en veillant aux indices qui pourraient être aperçus sur notre droite. Nous prenons joyeux le chemin de Villeporcher ; quelques hulans, — je crois qu'ils savent sortir de dessous terre et y rentrer à leur gré, — embusqués dans un petit bois, nous saluent de leurs coups de feu ; deux décharges de nos chassepots dans leur tanière la nettoient de ces messieurs.

Au village de Villeporcher nous rencontrons le troisième bataillon qui a fait pendant la journée une démonstration sur le flanc de l'ennemi par la route de Blois. Un instant de repos avant de pousser avec le troisième bataillon la pointe audacieuse sur Saint-Amand, cause de notre citation à l'ordre du jour de la division.

II. — Saint-Amand.

Nous voilà réunis au troisième bataillon qui, au retour de sa démonstration sur le flanc gauche de l'ennemi et d'une série de marches et contremarches au milieu d'un sol boueux, est venu rallier au village de Villeporcher les troupes qui, sur le soir, ont apporté leur renfort à la droite des bataillons engagés depuis ce matin.

Nous saluons nos camarades du cinquième bataillon de l'Isère qui ont donné les jours précédents, de moitié avec un bataillon de l'Ain. Quelle union d'âmes, quelle parenté plus solide que la communauté de périls sur le champ de bataille? Nulle secousse ne la brise celle-là. Notre mission (7e compagnie des 2e et 3e bataillons opérant vers le même but), consiste à suivre l'ennemi qui précipite sa retraite, à harceler son arrière-garde, à étudier et à fouiller le pays entre la forêt de Château-Renaud et Saint-Amand, à surprendre, s'il est possible, l'ensemble approximatif de ses forces et leurs points d'appui, à se fixer sur ses mouvements probables : en résumé, à prévoir la journée du lendemain.

Les francs-tireurs des Deux-Sèvres, une compagnie des francs-tireurs de la Sarthe nous rallient, à la sortie de Villeporcher, à l'entrée d'un autre petit village, symétrique par rapport au premier, et qui a reçu plusieurs visites de MM. les éclaireurs

prussiens pendant l'affaire d'aujourd'hui. Je suis
convaincu que le peloton effarouché par nous
tout à l'heure, guette notre marche de la lisière
d'un petit bois qui entoure l'église et son presby-
tère.

La colonne s'avance en ordre de route, couverte
sur sa droite par une ligne de tirailleurs, qui déjà
tourne le village; deux chevaux du 2ᵉ hulans (Po-
méranie), abandonnés par leurs cavaliers enfuis
je ne sais où, nous tombent dans les mains dès la
première maison. Nous perquisitionnons rapidement tous les coins suspects Partout les demeures
fermées ou grandes ouvertes, grâce aux portes
enfoncées, partout le silence et le deuil; l'horloge
de l'église jette à ce moment sa mesure du temps
par dessus ce désert; quelques cadavres reposent
confondus, sans nul souci de nationalité, sur les
tables de l'école du village.

Nous hâtons la besogne et nous commençons à
descendre, sous la nuit qui tombe et nous protége,
un sentier qui joint à quelques centaines de mètres
une route dont le ruban tranche comme un vif
argent sur les ténèbres profondes.

Tout à coup nos tirailleurs sont assaillis de plusieurs décharges partant du petit bois que j'ai
décrit; en un clin d'œil ils ont, par un à droite,
enveloppé le bois; ils s'y élancent à la baïonnette,
clouent plusieurs dragons prussiens, en prennent
quelques-uns avec leurs chevaux; toute la colonne
a suivi au pas de charge, croyant avoir affaire à

un nombreux ennemi ; l'alerte est de courte durée ;
le combat, au bout de quelques minutes, finit
faute de combattants. On amène les prisonniers,
ce sont des dragons d'Augusta ; ils sont en France,
disent-ils, depuis Forbach ; ils ont assisté aux batailles sous Metz et en ont vu bien d'autres. Toutes
nos questions afin de savoir la direction de l'ennemi sont impuissantes à triompher de leur mu-
tisme obstiné ; on dévalise les fontes de leurs selles,
bourrées et garnies de bonnes choses, ma foi, des
paquets de londrès, et même des dentelles ; ces
messieurs avaient peut-être quelque blonde
Gretchen à parer.

On repart avec ordre de pousser coûte que
coûte jusqu'à Saint-Amand, c'est le général qui
vient nous le dire par le cuivre d'un trompette.
Les francs-tireurs des Deux-Sèvres marchent en
première ligne d'avant-garde, notre compagnie
(7e du 2e) vient en deuxième, le 3e bataillon de
l'Isère forme le gros de la colonne et continue à
garantir notre droite par ses tirailleurs.

Nous sommes sur la route ; derrière nous à
partir du dernier village le sol s'abaisse en pente
très-douce pour former un immense berceau, tout
de riches prairies, qui se relève au nord vers Saint-
Amand ; c'est sur le sommet de ce versant qu'é-
taient établies les batteries prussiennes, c'est à
l'abri des bois, qui s'aperçoivent de distance en
distance, que se *défilaient* les masses de l'infanterie prussienne. Le champ de tir est magnifique,

canons peuvent cracher sur canons tout à l'aise
et sans trop de coups perdus. La colonne court
plutôt qu'elle ne marche, les sabres-baïonnettes
brillent au bout des chassepots; un paysan rencontré par hasard et gardé comme guide — c'était
peut-être un de ces malins qui servent amis et
ennemis sans jamais se compromettre, — nous
jure ses grands dieux que les Prussiens, chassés
de ces hauteurs, ont traversé Saint-Amand à la
nuit tombante dans le plus grand désordre: que
n'osant tenir ce pays fécond en embuscades, ils
vont chercher des renforts à Vendôme.

Notre enthousiasme, — si prompt parce qu'il
est neuf, — prend feu à ces propos : En avant !
crie-t-on de toutes parts, pinçons au moins leur
arrière-garde. Et voici qu'à l'instant où la lune,
perçant les nuages, détache à nos regards éblouis
les coquettes maisons de Saint-Amand, les clairons
sonnent la charge et une clameur immense monte
jusqu'au ciel de mille poitrines : A la baïonnette !

Oui, cette fois, on les tient à la pointe du tranchant favori; trois compagnies enveloppent le
village, pourchassant de leurs coups de feu les
traînards ennemis, dont une quinzaine tombent
dans nos mains; le gros de la colonne s'élance
par la grande rue au pas de course, culbutant,
rejetant sur Vendôme les derniers casques à pointe
trop amateurs des délices de Saint-Amand, si
délices il y avait. Le cœur nous bondissait dans
la poitrine, qui battait à se rompre; le sol

fuyait sous nos pieds ; on ne se possédait plus.
Un succès si mince, si amplifié soit-il, transporte
si haut des soldats de quelques jours, épuisés de
tant d'épreuves consécutives, et qui n'ont participé
jusqu'alors qu'à des mouvements en arrière ! Au
bout d'une petite heure, la chasse était terminée,
Saint-Amand purgé. Des grand'gardes veillent sur
toutes les routes qui y aboutissent ; le reste de la
colonne, fusils aux faisceaux, stationne dans la
rue principale, en arrière du chemin de fer de
Vendôme, perpendiculaire à la route du même
nom.

Saint-Amand, joli bourg de 1,500 âmes, aux
constructions très-élégantes, est situé sur la ligne de
fer de Tours à Paris, à douze kilomètres de Château-Renaud, et à seize de Vendôme. Jamais bour-
gade n'offrit un spectacle plus saisissant des hor-
reurs de la guerre. Les maisons ouvertes, sacca-
gées, un pied de paille partout, les meubles brisés,
des débris d'armoire et d'horloge qui flambent
encore dans un feu mal éteint : tels sont les gais
souvenirs qu'ont laissés ces barbares en attendant
leur retour.

Les rares habitants qui n'ont pas fui l'invasion
ne peuvent s'expliquer la brusque retraite des
Prussiens ; ils nous affirment qu'à la nuit tombante
un corps de vingt mille fantassins et de quarante
pièces de canon s'est replié sur Vendôme; en
effet, sur la grande route, à faible distance, on
entend rouler leurs chars d'artillerie. Je vois plu-

sieurs casques brillants défiler au galop à l'abri du mur du cimetière. L'ennemi manœuvrait pour nous attirer dans un piége et nous endormir sur une fausse sécurité; il formait autour des neuf cents hommes maîtres de Saint-Amand un vaste demi-cercle se resserrant par degrés par l'occupation successive de toutes les positions d'alentour.

Cependant notre petit nombre, l'absence complète d'artillerie nous imposaient la retraite, qui commença à minuit sur le village de Sounay. Les têtes de colonnes prussiennes étaient signalées sur la grande route et le chemin de fer; force fut donc de se jeter au travers des terres en multipliant les crochets; il tombait une pluie froide mêlée de neige; à cinq heures on se coucha trempé jusqu'aux os chez le brave meunier de Sonnay. Le 7 janvier, à huit heures, on rentrait à Château-Renaud.

L'occupation de Saint-Amand, défendu dans la journée par des forces relativement considérables, valut au 3e bataillon l'honneur d'une citation à l'ordre du jour. Je n'en ai point sous les yeux le texte complet. Cette pointe soudaine au cœur des forces prussiennes était sans doute audacieuse, mais pourquoi exclure, ainsi qu'il m'a été assuré, la 7e compagnie du 2e bataillon qui fut constamment d'avant-garde pendant notre marche périlleuse et les francs-tireurs des Deux-Sèvres qui les premiers pénétrèrent dans Saint-Amand ?

7 janvier. - Temps horrible, vent, pluie, neige, boue : voilà en résumé la journée du 7 janvier. A Château-Renaud pas de nouvelles de notre bataillon (le 2ᵉ); on sait qu'il a pris une part très-active aux combats de Villechauve et de Saint-Cyr, qui ont rempli la journée du 6. Nous sommes très-inquiets de notre isolement, car le 3ᵉ bataillon a réoccupé dès le point du jour ses positions de la veille ; que la compagnie n'en soit pas trop affectée, on saura bien la trouver pour *un coup de chien* quelconque. L'ennemi, revenu en force pendant la nuit sur le chemin de fer, tâte notre ligne sur tous les points, et nous sommes si peu nombreux ! A Château-Renaud, en fait d'artillerie, se trouvent trois petites pièces de 4, juste une demi-batterie ; heureusement les mobilisés de Seine-et-Marne, deux bataillons à peine, sont venus remplacer le 5ᵉ bataillon de l'Isère, et le 4ᵉ bataillon de l'Ain (du 76ᵉ provisoire), embarqués ce matin pour le Mans.

Où est donc notre division ? où sont nos trois batteries, dont une de mitrailleuses ? que signifient ces échanges, ces remplacements incessants de troupes entre Château-Renaud et le Mans ? L'intrépide chef d'escadron d'artillerie Cazal nous serait un puissant auxiliaire.

L'ennemi, — nous le savons par de rares journaux, — précipite ses masses par les routes de Saint-Calais et de Bouloire, de Grand-Lucé et de Parigné-l'Evêque ; il descend par la vallée de l'Huisne sur Connerré et Montfort, refoulant la colonne mobile qui opère en avant; il a pénétré dans la forêt du Mans, franchi la trouée d'Ardenay : la grande lutte doit être engagée à cette heure. Nous formons nous, colonne mobile de Château-Renaud, l'extrême droite de l'armée de Chanzy.

A onze heures, le lieutenant commandant la section d'artillerie de 4, part dans la direction de Montoire; il nous emmène à titre de soutien de ses pièces. Une colonne prussienne, sans doute détachée du flanc gauche de la grande armée qui se dirige sur le Mans, s'avance sur Château-Renaud par la route de Montoire. A quatre kilomètres de la première de ces villes, nos pièces s'établissent en batterie, notre compagnie est disposée à quelques mètres en arrière; soixante hommes du 8ᵉ hussards, tout fraîchement débarqué d'Afrique, partent à fond de train pour sonder la plaine boisée; il y a pendant une heure un échange assez nourri de coups de canon; nos pièces font merveille, leur tir mesuré et rapide porte ses fruits, la colonne prussienne s'est promptement repliée.

Est-ce à l'intervention décisive de notre artillerie qu'est due cette brusque retraite? Doit-on au contraire l'attribuer à une feinte ayant pour but d'immobiliser dans Château-Renaud un corps de troupe capable de balancer les résultats en voie de réalisation sur un autre point capital de l'é-

chiquier? Je l'ignore. Quoi qu'il en soit, je cons-
tate qu'à quatre heures l'ennemi a reculé, comme
hier, sans même laisser des éclaireurs à l'effet de
masquer sa retraite.

Nous rentrons à la nuit dans Château-Renaud :
même absence de nouvelles du 2e bataillon; on
est sûr toutefois que le 1er n'a pas été attaqué
dans sa position de la Monnerie; le 3e doit être
en sécurité, à moins qu'il n'ait renouvelé ses dé-
monstrations sur le flanc gauche de l'ennemi.

Saint-Amand aurait pu nous coûter cher : notre
soudaine apparition dans ce bourg, la vigilance de
nos grand'gardes, la marche rapide par laquelle
nous nous sommes dérobés au mouvement tournant commencé contre nous, et aussi l'obscurité
profonde de la dernière nuit, qui a dépisté la
poursuite : telles sont les causes, et les seules,
de notre présence là et de notre salut. Le général
lui-même se refusait à croire que Saint-Amand
eût été un instant occupé par ses troupes.

III. — Première attaque sur Villeporcher. — Séminis.

La nuit s'écoule dans un calme parfait; Château-Renaud n'a pas été inquiété. Cependant,
notre isolement nous pèse, nous sommes toujours sans nouvelle du 2e bataillon. Nos camarades partagent sans doute les mêmes inquiétudes
à notre égard. Notre grand'garde, sur un point

exposé et très-découvert, était d'une grande importance, puisque de là on commandait un des passages principaux de la forêt; notre marche sur le lieu du combat au soir de la journée du 6 janvier, les escarmouches que nous avons soutenues à diverses reprises, notre pointe sur Saint-Amand en compagnie du 3e bataillon, nos marches et contre-marches de huit heures au moins dans les dures conditions que l'on sait, cet appui qu'est venue requérir l'artillerie en soutien de l'attaque d'hier : voilà les fatigues, les dangers qui nous ont surmenés jusqu'à ce jour; mais notre isolement, je le répète, nous pèse d'un poids écrasant.

Nous avons connu depuis les péripéties par lesquelles a passé, durant cet intervalle, le 2e bataillon. Je veux les raconter à leur heure pour conserver à mon récit tout intérêt d'actualité.

Le 2e bataillon, dans la journée du 6 janvier, est venu à deux heures apporter son appui aux troupes engagées contre le corps ennemi qui, du chemin de fer de Vendôme, attaque la forêt. Il a constamment harcelé les Prussiens sur leur droite, en même temps que le 3e bataillon opérait sur leur gauche. Sa participation au combat n'a pas peu contribué au succès de notre marche jusqu'à Saint-Amand. L'ennemi reculait devant les forces bien disposées, formant ceinture autour de Château-Renaud.

A la nuit tombante, le 2e bataillon quitte la

route de Blois et s'achemine par un chemin de descente parallèle à la forêt, et passant par le village de Villeporcher : c'est la portion dont la défense lui est confiée, et elle est de sérieuse importance, car là se rencontre le plus court passage pour qui veut pénétrer de Saint-Amand à Château-Renaud, par Sounay.

La nuit trouve nos camarades disposés dans l'ordre suivant : 2e, 3e, 4e, 5e compagnies, du nord à l'est du village ; la 6e compagnie, à l'ouest ; la moitié des hommes par compagnie veillent alternativement, la 2e compagnie détache de petits postes en avant et autour du village. L'horizon qui limite la garde s'arrête à une ligne de hauteurs passablement détachées, d'où l'ennemi nous a tenus en échec pendant la journée.

Nuit sans alerte : ces messieurs s'oublieraient-ils dans les délices de Vendôme et de Saint-Amand ? Une heure de la nuit a été consacrée à relever les morts du combat d'aujourd'hui ; le lieutenant de Monteynard, de la 1re compagnie, préside à cette triste corvée : Français et Prussiens sont déposés en tas dans la salle d'école du village ; derrière eux et dans un coin gisent amoncelés leurs armes et leurs effets d'équipement.

Le 7 janvier trouve le bataillon sous les armes ; à neuf heures, la 3e compagnie (capitaine Boyer, un officier d'entrain et de joyeuse humeur) se porte sur Saint-Cyr, elle s'embusque dans un petit bois, à quelques centaines de mètres de ce

village, à cent pas environ à droite du chemin ;
ordre lui est donné de veiller, de bien veiller, de
signaler aussitôt les dangers qui peuvent surgir
de ce côté.

Des éclaireurs ennemis apparaissent pour dis-
paraître aussitôt. La 5e compagnie se replie sur
Villeporcher, ainsi que le comportait l'ordre général du bataillon. Les éclaireurs prussiens (ce
sont des hulans bavarois) se sont considérablement augmentés : ils forment une ligne de four-
rageurs, couvrent toutes les hauteurs parallèles,
se développent en un arc immense, dont le centre reste immobile, pendant que les ailes, par
un rapprochement mesuré, tendent à cerner nos
positions et à nous couper de la forêt, notre unique salut.

Une vive fusillade des postes avancés rejette
les flèches de l'arc sur leur centre ; le détachement ennemi, après un moment de paisible observation, tourne bride et disparaît.

Mais, en deuxième ligne et comme soutien en
cas de retraite, comme force en cas d'offensive,
une colonne d'infanterie prussienne se montre
soudainement aux regards du bataillon ; elle se
masque à la faveur des bois et des plis de terrain :
puis, à l'heure où sa disparition est jugée certaine, une longue ligne de tirailleurs, pivotant à
droite et à gauche de sa réserve en sécurité,
s'avance d'un pas rapide avec l'intention évidente

de reprendre la manœuvre échouée de ses cavaliers.

Chaque fantassin ennemi se dirige sur l'arbre, sur l'obstacle susceptible de le couvrir; déjà ses tirailleurs touchent aux grand'gardes. Alors, la 6ᵉ compagnie du 2ᵉ bataillon, enlevée par le capitaine d'Agoult, dont l'audace ne s'est jamais démentie, marche à l'ennemi, lui oppose manœuvre pour manœuvre, s'efforce de le joindre en l'accablant de ses feux, l'arrête dès sa première décharge, puis le repousse pied à pied sur la colonne de soutien, et ne rentre à Villeporcher qu'avec la certitude acquise de la retraite de l'ennemi. Ce court, mais énergique engagement, eut pour résultat la tranquillité absolue du reste de la journée pour le gros du bataillon.

IV. — Combat de Séminis.

Quelques instants après avait lieu une distribution de viande. Le fourrier de la 1ʳᵉ, avec quelques hommes de corvée, vient rejoindre ses collègues.

On était en voie de partage amiable, lorsque se précipitent au milieu des groupes une dizaine d'hommes de la 1ʳᵉ compagnie, les vêtements en désordre et couverts de boue, les fusils noirs de poudre.

Ils racontent aux camarades que leur compagnie, hier détachée à gauche et en avant de Villeporcher, s'est portée en grand'garde, dans la matinée, à la ferme de Séminis. Un brouillard épais leur dérobait les abords de la ferme; on ne pouvait distinguer les bois d'alentour qu'il importait tant de surveiller. Et tout à coup, avant l'établissement des postes avancés, un hourra formidable, un cri de guerre comme en pousse le sauvage sûr de sa proie, leur annonce l'attaque de l'ennemi. Ses colonnes, parties de points différents, convergeaient sur la ferme par tous les passages qui qui pouvaient servir de retraite.

Le sous-lieutenant Coindre, un vaillant soldat qui fit preuve d'un rare sang-froid, lance aussitôt sa section en tirailleurs sur la droite, sur le point le plus menacé; la moitié de la compagnie demeure en réserve dans les bâtiments de la ferme, sous le commandement direct du capitaine Thermoz et du lieutenant de Monteynard.

La fusillade s'engage presque à bout portant entre les tirailleurs et les colonnes prussiennes : les nôtres conservent leur terrain pendant une petite heure, jusqu'à ce que, écrasés sous des masses sans cesse renouvelées, débordés de toutes parts, ils sont rejetés sur la ferme, d'où la réserve fait feu par toutes les ouvertures.

La brave troupe était déjà considérablement réduite, un désastre allait couronner cette résistance acharnée; elle lutta jusqu'à épuisement complet de ses cartouches, combat désespéré d'une poignée d'hommes qui ne voulaient pas se rendre contre un ennemi dix fois plus nombreux.

Celui-ci cernait toutes les voies de retraite à ceux qui restaient dans la ferme; la ligne de tirailleurs, coupée en deux, avait été rejetée, partie sur la ferme, partie sur la forêt de Château-Renaud. Tout à coup le silence se fit : les survivants de ces braves étaient constitués prisonniers.

Deux traits d'héroïsme signalent le combat de la vaillante 1re compagnie contre des forces d'une écrasante supériorité numérique. Le sous-lieutenant Coindre, commandant des tirailleurs, avait été grièvement blessé dès le début de l'action : il se traînait avec une jambe fracassée, montrant à ses hommes la route unique, restée libre, qui était le salut, et comme tous s'offraient à l'emporter, il supplia qu'on l'abandonnât sur le champ du combat, ne voulant pas, disait-il, exposer pour une seule vie celle de tant de braves gens.

Le sergent-major Genin, — surnommé Genin-le-Nègre, — s'était, dès les premiers coups de feu, élancé au secours des tirailleurs qui maintenaient l'ennemi sur la droite. Il tirait d'un angle de la ferme, d'un point où pleuvaient les balles. Atteint de trois coups de feu, dont un lui a traversé la hanche, il se précipite tête baissée, à la baïonnette, contre les assaillants qui redoublent d'efforts; il entraîne dans une lutte corps à corps les quelques hommes restés debout.

L'ennemi, terrifié de tant d'audace, plia en un

9

point de sa ligne; mais la partie ne pouvait être, ne devait pas être égale : pour un Prussien tombé, dix entraient dans la fournaise, et le vaillant Genin, blessé pour la quatrième fois, fut rejeté dans la ferme, où il dut faire bander ses plaies par lesquelles s'écouláit tout son sang.

A quelques pas de lui, jonchant le sol de leurs cadavres épars, ses camarades étaient étendus. Sa compagnie était réduite de moitié. On en vit qui ouvraient les sacs des morts pour en retirer des cartouches. La vaillante troupe se battit jusqu'à la mort : elle brûla sa dernière cartouche.

Genin ressortait de la ferme pour tenter une fuite : le combat avait cessé, la ferme ressemblait à un abattoir de corps humains; les survivants, désarmés, étaient prisonniers. Genin, la rage au cœur, céda, frémissant, à la force victorieuse.

L'ennemi rendit hommage à cette défense désespérée d'un contre dix. Le commandant prussien s'inclina devant les glorieux vaincus qui lui avaient mis cent vingt hommes hors de combat ; il sollicita l'honneur de serrer la main du brave Genin et lui dit : « Vous brave soldat, battu jusqu'à la mort. »

CHAPITRE III.

Combat de Villeporcher. — Tentative contre la Monnerie. — Villeporcher. — Retraite sur Sounay. — La 4ᵉ compagnie. — La Monnerie.

I. — Combat de Villeporcher.

Nous passons dans Château-Renaud la nuit du 7 au 8 janvier. Quatre ou cinq hommes échappés au désastre de la première compagnie viennent nous rallier à onze heures du soir ; ils ont été coupés de la ferme par l'attaque foudroyante de l'ennemi ; ils se sont jetés à travers champs et bois, se retournant à chaque pas pour faire feu ; la forêt les a sauvés.

Tous sont unanimes à témoigner de l'héroïque défense de leurs camarades si dignes d'un meilleut sort ; tous portent aux nues le sous-lieutenanr Coindre et leur sergent-major ; leurs trois officiers sont tombés au pouvoir de l'ennemi. Le brave et expérimenté capitaine Thermoz, qui comptait un rude passé militaire, dix ans d'Afrique, et le jeune lieutenant de Monteynard, tous deux possédant l'affection et le cœur de leurs hommes, ont partagé le même sort...

Le 8 janvier, à neuf heures, notre compagnie se porte au village de Sounay, d'où le colonel l'expédie à titre de renfort au premier bataillon qui n'a pas bougé de la Monnerie. Lui-même fait occuper par le troisième bataillon la hauteur boisée qui surplombe la gauche de la route de Sounay ; l'espace intermédiaire entre Sounay et Château-Renaud sera donc gardé ; l'ennemi trouvera à qui parler s'il tente d'isoler par une attaque sur ce point les premier et deuxième bataillons, qui sont les plus avancés.

On voit donc que Sounay est le centre d'opérations qui peuvent s'accomplir sur la ligne courbe qui de Château-Renaud passe par Villeporcher et la Monnerie.

Dès neuf heures du matin des coups de feu, isolés d'abord, puis de demi-peloton, éclatent dans la direction de Villeporcher. La fusillade, d'une intensité très-variable, cesse tout à coup ; sans doute, les apparitions réitérées et agaçantes de MM. de la cavalerie prussienne leur ont attiré ce salut roulant jusqu'à leur éclipse complète.

J'ai dit que le premier bataillon veille à la Monnerie ; nous voilà compris provisoirement avec lui ; ses tirailleurs couvrent les abords de la route ; ils se sont espacés en une longue ligne dissimulée à l'abri des haies et des fondrières, des fossés qui couvrent ces pays. Notre compagnie se déploie à l'extrême gauche, touchant au massif principal de la forêt de Château-Renaud.

Le sol est détrempé; de ce mélange de boue et
de neige résulte un tout d'où l'on ne peut arracher
les chaussures en piteux état. Nous veillons sur
deux éclaircies spacieuses qui traversent la forêt;
le terrain, bien découvert, ne permet pas de surprise, pour peu que l'on regarde.

Quelques éclaireurs ennemis, indépendants ou
trop hardis, ont été dispersés; une section d'artillerie est venue s'établir sur un mamelon qui domine la route à gauche du château. Ainsi disposés,
on s'attend à un effort sérieux. Pluie, boue,
neige qui se congèle, ne font qu'un avec la *chair*,
autour des chaussures déchirées et béantes : tel
est, en résumé, notre service de tirailleurs sur ce
point. Notre position n'était guère digne d'envie, mais les camarades, à trois kilomètres de
nous, étaient encore plus mal partagés. Une forte
colonne de cavalerie prussienne, se maintenant
toujours hors de l'atteinte de nos armes, vient à
deux reprises nous observer et nous narguer.
Quelle malencontreuse idée a eue M. Chassepot
de ne pas doubler la portée de son fusil!

Mais soyons sobres; on sait que messieurs les
hulans n'attaquent jamais l'infanterie préparée à
les recevoir : ils ne combattent qu'en vue de leur
sécurité personnelle; le triomphe ne leur paraît
certain que dans la proportion de dix contre un.
La nuit est tombée, nuit sombre, pleine de visions
inquiétantes. La section d'artillerie rentre à Château-Renaud. Trois compagnies du 2e bataillon

demeurent en grand'garde; le reste, y compris nous, vient se cantonner pour la nuit dans les bâtiments de la Monnerie.

II. — Villeporcher.

Durant la nuit un planton apporte au commandant du premier bataillon la nouvelle d'un combat acharné livré par le 2e bataillon à Villeporcher; les 2e, 3e, 4e, 5e et 6e compagnies ont été écrasées. Voici dans toute sa simplicité le récit de cette journée, telle que me l'ont racontée les témoins oculaires ayant pris part à l'action.

On peut se rappeler que ces compagnies ont occupé Villeporcher vers le soir du 6 janvier. Ce village constitue le point culminant en avant de la forêt; là se rencontre le plus court passage pour aller de Saint-Amand à Château-Renaud.

Cette troupe a été sur le qui-vive durant toute la nuit du 7 au 8 janvier. La moitié des hommes a fait faction pendant que l'autre attendait son retour de grand'garde. La 5e compagnie (capitaine Boyer) a signalé dès la veille et repoussé des reconnaissances de cavalerie; la 6e a abordé de près une ligne de tirailleurs prussiens; nul doute que l'ennemi en vue d'une attaque sérieuse ne se masse de ce côté.

Un poste détaché, sous le commandement du sous-lieutenant Clemençon, se trouve à cent mètres à peine de feux allumés et d'apparence fort suspecte ; tout autour ce sont des allées et des venues, des conversations étouffées à dessein ; un grand bruit de chariots roulant du côté de Saint-Amand, recèle une concentration d'artillerie. D'autres postes avancés constatent de semblables indices. Bien avant l'aube ces feux s'éteignent comme par enchantement. Les Prussiens sont là, il faut veiller, bien veiller. Les camarades dès ce moment s'apprêtent au combat. Silence, calme, résolution froide mais indomptable ; les cœurs battent à l'unisson de celui de l'intrépide commandant Lentz ; c'est la main crispée sur leur arme que tous attendent le jour.

Dès neuf heures du matin les éclaireurs ennemis apparaissent sur les hauteurs parallèles à Villeporcher et relevées en plateau continu jusqu'à Saint-Amand. Entre deux se déroule une sorte de plateau, de berceau peu profond, très-favorable à des mouvements de troupes. Les observations de ces cavaliers ne tardent pas à devenir plus indiscrètes, quelques-uns se risquent à portée raisonnable de nos chassepots. La 5e et la 2e compagnie les chassent pour les voir bientôt revenir.

A dix heures du matin la 2e compagnie (capitaine Courtenay) se porte en reconnaissance ; elle est ramenée par une forte colonne d'infanterie prussienne. Cette colonne est trop dense pour hésiter devant le feu de quatre-vingts hommes même résolus. C'est la fusillade de la 2e et de la 5e qui nous arrivait ce matin, répercutée par les échos de la forêt.

A ce moment s'exécute un audacieux coup de main exécuté par la 6e compagnie. Un poste avancé prussien d'une quinzaine d'hommes étant sorti d'un petit bois où il s'est embusqué, se trouve attaqué, enveloppé, enlevé en un clin d'œil par une demi-section de la 6e qui, à la première apparition des casques à pointe, a poussé en avant baïonnette au canon. Le mouvement a été si prompt, si brusque, que l'ennemi s'est trouvé dans le sac avant d'avoir pu se mettre en garde. A quelques pas de là, le sapeur Laloge, de la 2e, étant à puiser de l'eau à une source voisine, pour le café du matin, a pris au collet deux Prussiens, dont l'un à la tête, qui, dans un talus voisin, épiaient nos mouvements. Ces vigoureux gars étaient armés. Laloge n'avait à ses côtés que son bidon battant et l'épée du Savoyard.

Mais l'heure de la crise suprême approche ! Le commandant Lentz et les chefs des compagnies restées sous sa main n'ont que trop saisi les indices d'une attaque à fond contre Villeporcher. Fermes dans le devoir, convaincus que de leur résistance à outrance sur ce point dépend le salut et la possession de Château-Renaud, ils ont préparé leurs hommes à la pensée des efforts, des sacrifices nécessaires ; et tous, officiers et soldats, soudés ensemble par cette confiance réciproque qui est souvent un gage de la victoire, contemplent les hauteurs par où va déboucher l'ennemi.

Nos braves camarades, aux côtés desquels je n'ai pu, à mon grand regret, combattre ce jour-là, mais dont les lignes qui vont suivre attesteront la vaillance, se sont embusqués à l'abri des haies qui entourent Villeporcher, tranquilles mais résolus. Économes de leurs munitions, ils laissent se développer les mouvements de l'ennemi dont les têtes de colonne couronnent les hauteurs. Ils montrent tout l'aplomb, toute la sereine impassibilité des troupes vieilles au combat.

Toutefois, les postes détachés en grand'garde arrêtent court les cavaliers nombreux qui forment une immense ceinture d'observation sur la crête opposée des hauteurs. Une vive fusillade s'engage dès dix heures. L'infanterie prussienne hésite un instant, puis se repliant en arrière et s'étendant en arc de cercle, ne tarde pas à dépasser la ligne de ses éclaireurs qui se massent par escadrons serrés et se dirigent sur la gauche avec l'intention évidente de tourner la forêt et de surprendre, s'il est possible, la Monnerie. Cette tentative est repoussée par le 1er bataillon et notre compagnie.

A onze heures, sur le point culminant des positions de l'ennemi, arrivent, à fond de train, des pièces d'artillerie aussitôt mises en batterie. Les nôtres comptent seize pièces, tel est le gracieux objectif pour les regards un peu inquiets.

Le champ de tir ne doit pas dépasser huit cents

mètres ; les artilleurs prussiens, lors de leur premier passage dans ce pays, ont relevé tous les accidents, toutes les positions favorables du sol ; ils savent si bien la distance jusqu'à tel ou tel des points occupés par les nôtres, que sauf rectification insensible de leur angle de tir, ils peuvent envoyer les obus ici ou là sans aucun tâtonnement.

Bientôt on voit les artilleurs prussiens charger, écouvillonner, jeter bas sur le sol les gargousses qui bourrent leurs caissons ; puis 1re, 2e, 16e pièces ; l'horizon est en feu, et une trombe de projectiles s'abat sur le malheureux village que défendaient six cents hommes à peine du 27e mobiles. A côté, en avant de la réserve des nôtres, pas la moindre petite pièce de quatre !

Les éclaireurs ennemis, en vue d'ôter à la résistance tout point d'appui, criblaient, avec une infernale précision, les habitations principales de Villeporcher, l'école, la mairie, l'église.

Le brave et intelligent lieutenant Allier, de la 2e, s'était installé en observation dans le clocher de l'église ; le quatrième obus emporta le coq et la boule de la flèche. Ce ne fut toutefois qu'après s'être assuré des mouvements de l'ennemi que cet officier vint apprendre au commandant les renseignements par lui recueillis.

Cependant le chef de bataillon Lentz, un de ces hommes aussi énergiques dans l'action que d'autres sont loquaces à la guerre, ardents à la parole, parcourt, au galop de son cheval, sa ligne mince de combattants déjà bien affaiblie par les trouées sanglantes. Obus, boîtes à balles, boîtes à mitraille éclatent sans répit en avant, en arrière, par-dessus, au milieu des rangs : qu'importe, l'exemple est là vivant, sous les yeux de tous, personne ne bronche d'une semelle, le sentiment du devoir cloue chaque homme à son poste de combat.

A midi, sa manœuvre préparatoire étant accomplie à l'abri de sa nombreuse artillerie, l'infanterie prussienne apparaît immense, cou-vrant de ses masses sombres les hauteurs d'en face que descend déjà un épais rideau de tirail-leurs.

Elle se développe en demi-circonférence, en marchant, se dirige droit sur le village, les rangs serrés et d'un pas rapide.

Le moment était solennel; l'artillerie prussienne, un moment silencieuse, redoubla son feu; l'in-fanterie fait pleuvoir une grêle de balles sur le village, sur les haies, sur les buissons d'alentour. De notre côté, quelques coups isolés ; on ména-geait ses munitions : un contre dix, ce n'était pas le moment de les prodiguer. Et voilà qu'à l'instant où l'ennemi n'était plus distant que de soixante à quatre-vingts mètres, le commandement de feu! feu! s'élève; tous les abords du chemin s'éclai-rent, les buissons crépitent, vomissant la mort. Une ligne ennemie est abattue tout entière : seul un capitaine géant reste debout, le sabre en l'air; le feu se précipite, nos hommes se multiplient.

Ce que coûta à l'ennemi cette résistance héroïque, le général prussien saura le dire tout à l'heure à un officier prisonnier. Mais vains efforts, inutiles prodiges de valeur et d'activité, les Prussiens devaient l'emporter encore par leur nombre, par leurs manœuvres, leur habileté, leurs masses et leurs canons, sur nous, dépourvus de toute artillerie! L'arc immense débordait nos ailes, on dut se replier pour éviter un désastre complet.

III. — Retraite sur Sonnay.

La nuée d'ennemis s'accroissait sans cesse, surgissant par tous les points de l'horizon, se précipitant par le terrain en pente, comblant les vides creusés dans les rangs de la première colonne d'attaque par la fusillade intense des 2e, 3e, 6e, 4e compagnies, tournant le village de Villeporcher par tous les chemins qui y conduisent : flot montant, marée grondante, au milieu de laquelle apparaissait comme un roc embrasé le pauvre village dont les défenseurs redoublaient d'efforts, faisaient des prodiges...

Il y eut une de ces heures d'angoisse, de douleur et de rage contenue qui jamais ne renaissent dans le souvenir d'un soldat sans éveiller sa tristesse. Eh quoi! cinq cents hommes à peine tiennent en échec depuis neuf heures du matin,

durant quatre heures de combat non interrompu,
une brigade d'infanterie prussienne (plus de six
mille hommes), soutenue d'une puissante artillerie qui écrase les nôtres sous un feu plongeant,
d'une nombreuse cavalerie qui manœuvre en vue
de couper toutes les issues par où peut s'effec-
tuer la retraite ; ils ont repoussé plusieurs attaques
touchant les premières maisons du village, infligé
à l'ennemi des pertes cruelles, jonché de ses cadavres les abords de Villeporcher, contraint pour un
temps à l'immobilité, à l'impuissance, la grande
masse qui semblait devoir les engloutir. Et le moment approche où la résistance continuée ne
saurait aboutir qu'à un affreux massacre ; tant de
ténacité de la part de cette poignée d'hommes
s'obstinant à lutter pour l'honneur ; tant d'énergie
chez leur brave commandant, chez leurs officiers,
qui tous payent de leur personne et montrent
l'exemple ; toute cette magnifique défense, si digne
de succès, va céder sous les colonnes prussiennes
incessamment renforcées. — Le village est en
partie incendié, des débris fumants croulent de
toutes parts, plusieurs maisons se sont effondrées :
la position est intenable au milieu de cette atmos-
phère de feu ; en avant, à gauche, à droite,
l'ennemi qui presse de seconde en seconde plus
insistant ; partout des ruines, partout une mort
certaine et stérile, ou bien la reddition inévitable
avec les prisons de l'Allemagne. — La retraite sur
Sounay est arrêtée. Là se place la phase la plus

poignante de cette terrible journée à jamais vivante dans les annales du 2e bataillon, celle où officiers et soldats durent opposer tout ce qui battait en eux de bravoure, de constance, de dévouement.

La retraite ne peut s'opérer que sur un seul point, par un étroit passage qui ne permet que le défilé d'homme par homme; par ce passage, qui s'ouvre en arrière de Villeporcher, on débouche dans une clairière cultivée, absolument découverte, dénuée d'arbres et touchant à la forêt de Château-Renaud; de l'extrémité de la clairière part, à travers bois, un petit chemin qui s'arrête à Sounay.

Il est de nécessité absolue que les hommes se maintiennent compacts, conservent leur sang-froid, évitent tout désordre, exécutent dans tout leur calme la manœuvre résolue et se présentent chacun à son rang à ce passage, où l'encombrement amènerait un désastre. — Le commandant Lentz, demeuré à cheval sous le feu épouvantable, fait passer dans l'âme de tous l'indomptable fermeté qui l'anime; l'ordre règne dans la retraite en dépit de l'ennemi, et quoi qu'il arrive; la 5e compagnie, postée dès le matin à l'extrême gauche de la ligne, autour d'une ferme isolée, a subi un feu prolongé et très-violent d'artillerie; le capitaine Boyer a gardé sa position jusqu'à la dernière limite du possible, vaillamment secondé par son sous-lieutenant Dominique Chevalier et par tous ses cadres (cette compagnie était momentanément privée de son lieutenant, M. de Franclieu, qui avait été admirable à Beaugency, faisant le coup de feu au milieu de ses hommes, et qui à cette heure souffrait d'une maladie grave, fruit des privations et des fatigues de cette horrible guerre).

La 5e compagnie, rejetée sur la forêt de Château-Renaud, attend immobile des ordres ultérieurs.

Le défilé individuel a commencé à travers l'unique débouché par la 2e compagnie (capitaine de Courtenay); puis c'est la 3e, conduite par l'énergique sous-lieutenant Demarc; en troisième lieu vient le tour de la 6e compagnie qui, ce jour-là encore, a été cruellement éprouvée; le sergent-major Berthier, soldat des plus vigoureux, et qui, blessé, persista à porter son sac et ses armes; le rude sergent Garnier, une vingtaine d'hommes manquèrent le soir à l'appel de la 6e compagnie. Le capitaine d'Agoult brille par sa fougue et son entrain accoutumés; à ses côtés combattent le lieutenant Michel, officier d'expérience, de fermeté et d'énergie, très-estimé dans le bataillon, et enfin le sous-lieutenant Clémençon, qui a vu dans sa section trois hommes mortellement frappés par le même obus. Le commandant Lentz, qui n'a cédé qu'à la force écrasante, surveille le mouvement. Les compagnies avaient cessé leur feu pendant ce passage périlleux,

où l'ordre, le calme, le silence étaient le salut·
Tout-à-coup, de la face nord-est de Villeporcher,
des clôtures à l'abri desquelles s'était disposée la
4e compagnie, s'élèvent des détonations fortes et
précipitées ; l'horizon semble en feu de ce côté,
il semble que le combat recommence soutenu par
des troupes fraîches, 'toutes frémissantes d'ardeur.

IV. — La 4e compagnie.

C'est la 4e compagnie qui se dévoue pour couvrir la retraite.

Dans toute guerre, à côté des soldats morts en
héros, à la face du soleil, se rencontrent les martyrs de la dernière heure, ceux qui, aux soirs des
journées malheureuses, se sacrifient pour le salut
de tous, font de leur corps un rempart aux survivants et meurent par devoir.

Ainsi de la 4e compagnie à Villeporcher.

L'ennemi accumulait ses efforts contre la face
nord-est du village dont l'occupation jetait en plein
ses têtes de colonne contre les compagnies en
œuvre de passage et de reformation au milieu de
la clairière que j'ai décrite : nos débris, ainsi enveloppés et surpris, auraient été massacrés ou
pris.

Le lieutenant Genin, commandant la 4e compagnie, par sa présence d'esprit et son sang-froid
dans toutes les affaires où il s'est trouvé, a promp-

tement discerné le danger, fixé sa résolution et arrêté ses dispositions pour lui faire face et le vaincre. Il comprend qu'à une ligne longue, serrée et profonde ses quatre-vingts hommes, convenablement espacés, dissimulés et masqués autant que possible par les haies, les fossés, les murs de clôture, pourront répondre par une fusillade qui fera coup double. A tous, il recommande l'immobilité, le silence ; il défend de brûler une cartouche au-delà de cent mètres au plus ; lui-même se promène le cigare à la bouche, se réservant de donner le signal du feu.

Déjà les Prussiens touchent aux premières maisons : soixante mètres à peine l'en séparent : « Feu ! feu ! » s'écrie d'une voix vibrante le lieutenant Genin ; les clôtures et les haies apparaissent brillantes d'éclairs, et trois décharges d'une admirable précision, condensées comme un coup de canon, couchent à terre la première ligne entière ; la fusillade continue ardente et serrée ; des mitrailleuses vomissent moins de projectiles ! le gros de la colonne prussienne est arrêté net. Temps précieux qui servit à constituer la ligne de bataille en vue de la retraite.

La 4e cependant est à bout de munitions : l'heure de la retraite a sonné pour elle ; les baïonnettes s'ajustent aux canons des fusils ; les survivants de la 4e compagnie se dirigent dans un ordre parfait vers le passage de la clairière ; le lieutenant Genin se retira le dernier, après avoir essuyé plusieurs coups de feu à bout portant, les Prussiens n'étant qu'à quelques mètres. .

Tel fut le rôle de la vaillante 4ᵉ dans cette rude journée du 8 janvier : il y avait eu rivalité de dévouement et d'ardeur; mais l'exemple descendait d'en haut.

La 4ᵉ compagnie eut les honneurs du combat.

J'ai parlé du lieutenant Genin en termes qui peut-être ne font pas assez ressortir la part brillante qui lui revient; puissent toutefois ce témoignage du sympathique respect d'un inconnu, cette attestation dans ce récit dédié à notre régiment, parvenir aux oreilles de cet officier aussi distingué par les qualités de l'esprit et du cœur que par la bravoure ! son ardente sollicitude pour les soldats l'avait fait leur idole; sa présence d'esprit, son coup d'œil, sa froide bravoure en firent ce jour-là un héros : avec quelle vénération se prononçait à la 4ᵉ le nom du capitaine Genin !

Il rencontra du reste d'intelligents et vigoureux auxiliaires : le sous-lieutenant Roux, militaire expert, le premier manœuvrier du régiment; le sergent-major Berthier (le même qui avait coopéré à l'arrestation de deux dragons prussiens près de Saint-Calais), dont le sabre fut brisé par un biscaïen et la guêtre gauche éraillée par un éclat d'obus; le sergent Poulet, sous-officier de mérite dont la place était à la tête d'une compagnie, et qui eut le bois de son fusil broyé entre ses mains, la visière de son képi enlevée, sans autre accident qu'une violente commotion ; le sergent Fontanel, dont l'entrain et la bonne humeur sont à la hauteur du courage ; le sergent Collomb, dont le manteau fut troué de quatorze balles ; le fourrier Durand, dont la gaieté subsistait sous la grêle de balles, et qui grièvement blessé s'échappa ; et tant d'autres enfin que je ne puis citer, mais qui se battirent de façon à rendre jaloux de vieux soldats. Le bataillon est engagé, — ce qui en reste, — dans la clairière où pleuvent balles et boulets, car les Prussiens, qui d'avance ont repéré les distances, dirigent avec une infernale précision le tir de leurs batteries sur les points où doivent nécessairement passer les camarades.

Le commandant Lentz ordonne la lutte jusqu'à la complète disparition de l'ennemi, jusqu'à épuisement absolu de munitions. Les hommes n'ont plus que quelques cartouches, il faut les ménager et ne pas trop faire parler la poudre, comme dit l'Arabe.

Et les Prussiens étonnés virent une mince ligne s'arrêtant à chaque pas pour faire feu, chaque homme à son rang sous le tir bien réglé de leurs pièces. Face à l'ennemi ! criait le commandant impassible, et après lui les officiers. La forêt enfin vient offrir aux trois cents hommes qui, épuisés, se retiraient en combattant, l'abri de ses arbres et de ses sentiers tortueux. Une pièce de 4 envoyée de Château-Renaud s'établit sur la lisière de la forêt au moment où les nôtres y entrèrent ; son tir rapide et bien calculé arrêta la poursuite de l'ennemi.

Le fougueux sergent Tabardel de la 6e compagnie m'a plus d'une fois affirmé avoir entendu le commandant Lentz s'écrier à l'aspect de cette pièce de 4 : « Quel dommage ! si j'avais eu de l'artillerie « avec moi, j'aurais gardé Villeporcher quand « même. »

Le lieutenant Allier, demeuré dans Villeporcher pour y rallier les derniers combattants, s'y était vu enveloppé, assailli par toutes les forces prussiennes ; à la tête d'une poignée d'hommes, il essaya de se faire jour ; son courage échoua, il tomba au pouvoir de l'ennemi. Le général prussien fit à ce brave officier et à ses camarades d'infortune l'accueil le plus sympathique, il avoua des pertes énormes, mais quand il sut que les auteurs de ce carnage consistaient en cinq cents mobiles sans artillerie ni cavalerie, il bondit de rage et se répandit en imprécations. Cet aveu dispense de tout commentaire. Tel fut le combat de Villeporcher, d'après les renseignements les plus exacts que j'ai pu recueillir, et qui, du reste, m'ont été donnés par des camarades témoins et acteurs de cette lutte sanglante, et notamment par le sergent-major Dandel, de la 5e compagnie, observateur très-attentif de tous les faits militaires déroulés sous ses yeux, et dont au régiment nous avons pu apprécier le caractère sérieux et ferme.

A Sounay, halte d'une demi-heure ; on se

compta : sur cinq cents combattants du 2e bataillon deux cent vingt-un manquaient à l'appel. Le bataillon cette fois-ci avait payé un tribut un peu lourd.

A la nuit tombante on était à Château-Renaud où l'on coucha dans une tannerie ; la fatigue était extrême, la nuit parut courte.

V. — La Monnerie.

Le régiment se concentra à Château-Renaud. Retraite décidée sur le Mans.

Notre compagnie a couché avec le premier bataillon à la Monnerie ; la nuit y a été d'une tranquillité parfaite ; je confesse cependant que si jamais je me suis attendu à un sommeil troublé et scandé de coups de fusil, c'est en gravissant l'échelle qui donne accès dans le fenil où s'entassèrent nos cent cinquante hommes (la compagnie s'était accrue de cinquante hommes arrivés du dépôt).

La Monnerie constituait, comme je l'ai dit, un point de conservation important, de garde facile ; il y avait tout lieu de craindre quelque attaque partie de Blois : elle eût donné de front au cœur de la position confiée au premier bataillon, et l'affaire, grâce aux éclaircies qui s'ouvrent à droite et à gauche de la route, n'eût pas manqué de tourner vite à l'aigre.

Le 8 au matin, pendant que sur notre gauche grondait le canon de Villeporcher, un régiment de cavalerie prussienne (manteaux noirs et lances brillantes, une collection complète de hulans), était allé par la lisière est de la forêt, et en manœuvrant hors de la portée de nos armes, réquisitionner dans un village distant de demi-heure à peine ; une cinquantaine s'étant hasardés à portée raisonnable, une vive fusillade des compagnies du centre du premier bataillon leur jeta bas quelques hommes et les rejeta en désordre sur leur soutien.

Le capitaine de Maximy (un vaillant celui-là), fouilla à diverses reprises les bois qui s'étendaient en avant : plusieurs officiers saluèrent de coups de feu les hulans qui défilaient à trop longue distance. Ce corps de cavalerie, détaché de sa brigade qui attaquait Villeporcher, observait ce côté-ci de nos positions.

Cependant l'abandon forcé de ce dernier village découvrait complètement le flanc gauche des troupes de la Monnerie : l'ennemi était peut-être plus rapproché que nous de Château-Renaud ; il y avait risque d'être coupé.

Aussi dans la nuit du 8 au 9 janvier, le commandant Bouquet redoubla de précautions, de vigilance en avant de sa ligne : les grand'gardes furent triplées, les quelques cavaliers à sa disposition reçurent l'ordre de s'avancer le plus loin possible, de façon à tâter l'ennemi, et à saisir sa position exacte.

Le lendemain 9 janvier, dès quatre heures du matin, la voix de notre sous-lieutenant Paul Chevallier nous arrache à grand'peine du fenil où l'on se trouvait bien : la nuit est claire et froide, le sol durci, la neige congelée dans les cassures du sol ; un demi-peloton de hussards signale une forte colonne sur la route de Blois ; le premier bataillon et la septième du deuxième se dirigent par Sounay sur Château-Renaud ; à deux cents mètres en dehors de la ville, au sommet d'une pente, on se range en bataille sur une éminence face au nordest : à notre gauche le canon tonne mais lointain dans la direction de Montoire ou de Grand-Lucé : les événements ont tout l'air de se précipiter.

Après une heure d'immobilité dans ces dispositions nous rentrons dans Château-Renaud, où sont déjà réunis les deuxième et troisième bataillons. Ce dernier n'a pas été inquiété depuis Saint-Amand. — On nous annonce une distribution de vivres, c'est grand temps : nous n'avons rien touché depuis le 4 janvier, et nos allées et nos venues, nos marches et contre-marches de nuit et de jour, nous ont mis sur les dents.

Enfin notre compagnie rentre à son rang à la suite du deuxième bataillon cruellement éclairci : nous pressons avec bonheur les mains des vaillants combattants de Villeporcher auprès desquels était notre place de bataille et dont les hasards, les accidents de la guerre nous avaient éloignés. On les accable de questions, on les presse, on les harcèle sans nul souci de leur fatigue extrême. Un souvenir aux camarades tombés ! une terre française a reçu leurs dépouilles mortelles, puisse-t-elle leur être légère! Mais demain, à cette heure peut-être, l'ennemi poussera ses chevaux et ses canons sur ces tombes désolées. Oh! qui peindra les émotions du lendemain d'une sanglante journée? Unis les uns aux autres par ces liens de confiance, de solidarité réciproques, enfants du même village, la perte de chacun d'entre nous équivalait à celle d'un proche parent : quelle amitié plus forte que celle cimentée sur le champ de bataille? elle défie les secousses, rien ne peut la briser.

À Château-Renaud nous retrouvons par un hasard inespéré notre premier commandant, M. Boutaud, celui qui à Beaugency avait déployé une bravoure si éclatante, et avait été atteint d'une balle à la hanche. Bien que souffrant encore, il avait réussi, contre un prix fabuleux, à gagner un batelier qui le transporta sur la rive gauche de la Loire. Sa fidèle ordonnance Belin l'accompagne. Tous deux déguisés en compagnons charpentiers, une scie sur l'épaule, se sont rendus à Tours où ils ont appris le passage dans cette ville du 27e mobiles à destination de Château-Renaud ; ils sont venus nous y rejoindre. Le commandant Boutaud a pu juger par l'accueil respectueux qui lui a été fait, quelle haute idée son 2e bataillon avait conservée de son courage.

Cependant nous savons par de rares journaux que les Prussiens se portent en masse sur Mondoubleau et Saint-Calais, que déjà ils sont en vue des hauteurs d'Ardenay, que leur aile droite descend la vallée de l'Huisne, refoulant devant elle nos avant-postes et nos reconnaissances trop hardies. Tout indique une concentration puissante de l'armée prussienne contre le Mans ; les colonnes mobiles tirées de notre armée et opérant dans la vallée du Loir, sur la route de Saint-Calais, le long du chemin de fer de Tours, n'auront-elles pas pour effet d'affaiblir, de diminuer d'autant la résistance autour du boulevard de l'ouest? Arriveront-elles à temps pour la lutte suprême? Tel est le problème redoutable qui se pose à nos chefs inquiets. Le colonel Vial se décide à abandonner Château-Renaud : le départ est fixé à midi.

CHAPITRE IV.

Retraite. Combat de Château-Renaud. — Beaumont — Château du Loir. — Mayet. — Combat d'Ecommoy.

I. — Retraite. Combat de Château-Renaud.

Il est onze heures du matin ; le régiment massé dans le creux d'un ravin et le long d'une rue montueuse que traverse la route du Mans, attend le signal du départ. La neige tombe à flocons serrés ; le château de la ville se détache sur la hauteur, blanc et triste comme un immense mausolée ; un froid glacial nous pénètre ; les vivres annoncés ne se distribuent pas ; notre marche sera peut-être harcelée sans cesse : pénible journée.

Enfin à midi sonnant le régiment, le 2e bataillon en tête, se porte hors de la ville sur la route du Mans ; les habitants nous contemplent avec anxiété : nous partis, ce sont les Prussiens ce soir dans Château-Renaud, avec leurs exigences accrues, leurs prétentions insolentes. Cruelles alternatives de la guerre, mais si fréquentes dans la dernière !

La colonne, avec ses sacs et ses manteaux blancs comme neige, ressemble à une troupe de moines du Saint-Bernard à la recherche des voyageurs égarés dans la montagne. La marche est rapide durant la première heure ; on n'est point toutefois sans inquiétude : le canon gronde à notre droite dans la direction de la vallée du Loir, Montoire, Troo, les Roches ; nous devons la traverser à Château-du-Loir ; arriverons-nous à temps ? Une longue file de tirailleurs tirés de nos rangs marche parallèlement au gros de la colonne à quatre ou cinq cents mètres à droite, dans les terres labourées, par un demi-pied de neige.

A l'entrée du petit village de Saint-Laurent, distant de Château-Renaud de dix kilomètres, la colonne s'arrête ; un escadron de chasseurs d'Afrique stationné là depuis la veille, part au galop

dans la direction de Château-Renaud ; il se croise
bientôt avec une section de pièces de 4 et le peloton d'escorte du colonel Vial , qui nous annonce
un nouveau combat soutenu à la sortie de la ville ,
dans les conditions suivantes :

Après le défilé du gros de la colonne sur la
route du Mans , plusieurs compagnies tirées des
1er et 3e bataillons se massèrent au débouché de
la rue principale , avec ordre de commencer
leur mouvement une demi-heure après le départ du reste du régiment. Et tout à coup, au
moment où nos trois à quatre cents hommes
d'arrière-garde passent à la hauteur du cimetière
crénelé, une colonne de six cents Prussiens en
sort inopinément et se précipite au pas de charge
dans l'intervalle resté vide, avec l'intention évidente d'isoler et de couper de tout secours les
derniers défenseurs de Château-Renaud. Les
nôtres, sans hésiter, se déploient par tiers en
tirailleurs sur la droite de la route, le soutien
demeurant en bataille sur la route et contenant
l'ennemi par ses feux de grande précision ; on s'a-
borde à la baïonnette, on perce une trouée sanglante au travers des lignes prussiennes, et une
heure après nos camarades continuaient leur marche qui désormais ne fut pas inquiétée.

Ce combat avait été dirigé par le lieutenant-
colonel Vial en personne, officier de haute expérience et d'un coup d'œil prompt et sûr ; le capitaine Perron , de la 7e du 1er bataillon, s'était

aussi conduit avec la plus grande vigueur : j'affirme ce fait d'après les renseignements que m'ont donnés deux sous-officiers de ce capitaine très-brave et très-aimé. Sa compagnie perdit une vingtaine d'hommes tués ou blessés.

Ce combat avait surpris tout le monde ; la présence soudaine des Prussiens dans Château-Renaud était le résultat de leur occupation de Villeporcher, et la raison la voici :

Du côté nord-est de Château-Renaud s'élève une crête boisée surplombant très-profondément le ravin que contournent les routes de Blois et d'Amboise, et dominant d'une quinzaine de mètres la route de Vendôme. Cette crête se prolonge en fléchissant à l'est bien au-delà de Villeporcher ; la forêt de Château-Renaud en couvre toute la face sud. Les Prussiens, maîtres de Villeporcher, avaient, avec leur silence, leur discrétion ordinaires, suivi la crête par les bois jusqu'à Château-Renaud ; ils purent analyser tous nos mouvements, ils virent le régiment massé dans le ravin faire ses apprêts de départ, pas un homme devant eux, et, en fin de compte, se jetèrent dans le cimetière crénelé de Château-Renaud ; retournant contre nous l'obstacle créé en vue de la défense, et tapis à l'abri de ses murailles, ils attendaient.

Le matin déjà, le fourrier Jourdan, de la 4e compagnie, si brillant dans le combat du 8 janvier, avait compté trois coups de feu à notre adresse ; il n'en parla pas et fit bien.

II. — Beaumont

Enfin la colonne, qu'ont ralliée les compagnies
d'arrière-garde, la section de 4 et l'escorte du colonel Vial, traverse le village de Saint-Laurent
et s'engage dans la forêt magnifique du marquis
de Beaumont, colonel de notre camarade de brigade, le régiment des mobiles de la Haute-Vienne.
Nous ne mettons pas moins de trois heures pour
arriver à la lisière opposée de la forêt. Il est onze
heures du soir; çà et là quelques maisons adossées
au roc. avec des carrières abandonnées ; quatre
mille hommes heurtent les portes de ce pauvre
village de Beaumont-les-Ronces, les habitants nous
opposent une mine étirée et une fort mauvaise
humeur : la moitié du régiment se couche sur le
sol nu et glacé dans les carrières désertes.

10 janvier. — La sonnerie d'assemblée nous
tire à grand'peine de nos tanières creusées sous
le roc. Les habitants du lieu se gaudissent de
notre départ. Je ne sache pas, cependant, qu'on
soit coupable envers eux de trop grosses sottises.
Nous imputeraient-ils par hasard à péché mortel
certaine poule prestement enfouie dans son sac
par ce farceur de Genin, de ma compagnie,
pourvoyeur, père nourricier de son escouade?
Mon Dieu, braves gens! nous n'avions rien
sous la dent, le ciel vous punit pour votre dureté.

Et puis, à qui confesser le larcin? nous n'avons pas d'aumônier.

Toutefois, espoir : dès sept heures du matin, avant l'aube, on a rappelé aux fourriers. Bon signe, notre carême n'ira pas à ce soir. Notre fourrier Milloz, le modèle des fourriers, le désespoir de ses collègues, qu'il a renvoyés plus d'une fois bredouilles, s'est levé avant la sonnerie de réveil : il m'assure avoir dégusté, de pair et compagnon avec le brave caporal clairon Beauclair, un filet de bœuf et bu à l'avenant. Tant mieux! sa moelle s'en est accrue. Notre compagnie se trouve ajustée en viande, biscuit, café, bien avant l'apparition des corvées voisines sur le lieu de distribution. Au nom de la 7e, je lui vote des actions de grâces.

Aujourd'hui, par extraordinaire, nous touchons du vin : c'est la première et dernière gracieuseté de ce genre qui m'ait frappé durant mon passage à l'armée. Et cependant, à Mer, à quelques kilomètres de cette ligne de Josnes à Beaugency, témoin de notre lutte acharnée de cinq jours, tant de fûts se trouvaient amassés! L'ennemi a mis la main dessus : c'est d'usage ou plutôt de male chance.

Une pente très-raide, prise de verglas, conduit, du nord du village de Beaumont-les-Ronces, vers Neuillé-Pont-Pierre : nous maintenons difficilement l'équilibre, les chevaux de transport s'abattent à chaque pas, nous poussons à la roue. Les hommes sont gais, trop gais même ; ce diable de vin, connu jusqu'ici par l'argent, de leur estomac en chaleur est remonté à leur cerveau : leur visage est pourpre, animé ; on les eût dits se précipitant hors de l'auberge du pays aimé. Aussi, quel entrain, quelle assurance, quelle tempête de propos gaillards ! Je suis sûr qu'ils auraient, à cette heure, avalé la Prusse et les Prussiens.

Au sommet et à droite du village s'élève le château splendide du marquis de Beaumont, suzerain de ces lieux, officier dans nos hussards. Le château est fermé, pourquoi ne pas l'ouvrir ? Ce soldat, d'une bravoure, d'une générosité hautement attestées, aurait été content et fier de l'asile rencontré chez lui par des compagnons d'armes. Le coup valait un essai : la moitié du régiment s'y fût logée à l'aise et chaudement.

Beaumont-les-Ronces est un point d'importance, cinq routes s'y croisent : celles de Neuillé-Pont-Pierre, de Montoire, de Château-Renaud, de Luynes-sur-Loire.

Nous marchons sur Neuillé-Pont-Pierre, en vue de rejoindre la grande route du Mans à Tours. Les fermes, bordant le parcours, regorgent de chasseurs à pied, de fantassins de la ligne. Que faisaient là tous ces soldats alors que le 2e bataillon de l'Isère était écrasé en avant de Château-Renaud ?

Neuillé-Pont-Pierre, halte de la marche du jour. Nous retrouvons les trois batteries du jeune et vaillant chef d'escadron Cazal, l'un des héros de Vendôme. Ces batteries sont ici depuis cinq jours. Le commandant Cazal, préoccupé à bon droit des canonnades quotidiennes entendues sur la droite, avait disposé ses pièces en permanence sur une colline commandant une petite vallée et la route de Beaumont. Nous prenons tranquillement notre café. Nous retrouvons notre général de division de Curten, qui manœuvre sur la route du Mans à Château-Renaud.

A trois heures du soir, la colonne repart. Le canon tonne par salves répétées dans la direction de Grand-Lucé. L'ennemi, maître des routes parallèles à la route que nous suivons, précipite ses masses à l'attaque de notre grande citadelle de l'Ouest, pendant que des fractions détachées de son aile gauche s'efforcent de couper les corps isolés courant à la lutte suprême annoncée.

On traverse une forêt longue de trois kilomètres : quelques arrêts très-courts profitent à l'unité du mouvement. Il tombe une pluie froide, mêlée de neige, qui colle au corps nos vareuses en lambeaux ; les pantalons, ébréchés, laissent passer la bise ; les souliers opèrent en vrais soufflets, aspirant la neige en guise de chaussettes.

III. — Château du Loir.

Après une course de huit heures, à minuit sonnant, nous pénétrons dans Château-du-Loir.

— Personne ne se doute de l'arrivée prochaine de cinq mille hommes, — car, depuis Neuillé, les chasseurs, la ligne, les batteries ont suivi. Pas une lumière aux fenêtres, la ville est endormie.

Heurter de la crosse les portes fermées à double tour, réveiller ces braves citoyens, essuyer tout le feu de leur première mauvaise humeur : voilà un calmant efficace pour dormir. Fort heureusement, le pays est bon et ses habitants sont hospitaliers ; le vin blanc des coteaux du Loir leur sert de permanente poussée vers la bienveillance : ces gens nous plaignent et nous aiment. Vite leurs maisons s'ouvrent, les hommes s'y engouffrent ; vite on les sèche, on les restaure.

Un vieux soldat retraité qui, dans son temps, a connu Grenoble, me loge avec trente hommes de la compagnie dans un appartement bien fermé et garni de paille fraîche ; quel luxe ! Un grand feu nous remet au corps vigueur et gaieté ; nous passons une nuit délicieuse.

A cinq heures du matin le charme tombe : il faut partir. Adieu les rêves de repos ! Avant-hier, vingt-cinq kilomètres par un temps affreux, après un vif combat ; hier, trente-trois kilomètres bien comptés, et toujours dans la neige, sous un ciel impitoyable redoublant ses rigueurs, et, aujourd'hui, repartir pour s'arrêter où ? Voilà l'aspect d'ensemble de notre retraite sur le Mans, et bientôt sur Laval.

11 janvier. — Nous quittons, le regret au cœur, cette petite, bonne et jolie ville de Château-du-Loir ; bien avant la sonnerie du réveil nos hôtes se sont jetés à bas de leurs grabats, car ils nous ont cédé leurs lits ; dans chaque foyer le feu flambe et bien nourri, la table dressée tout à côté présente une double et triple rangée de bouteilles. Le feu nous réchauffe pour la route ; ce qui reste du généreux vin des coteaux du Loir emplit nos bidons.

C'est à flots qu'a coulé le nectar divin, et personne ne l'a vendu !

Les Prussiens ne découvriront point, je le crois, des tonneaux de réserve, ainsi que dans maint endroit que ma rancune pourrait citer, et cependant l'ennemi nous talonne, nous harcèle ; nos grand'gardes l'ont signalé cette nuit à deux kilomètres.

A quoi bon les louanges? Château-du-Loir est au cœur de ce vaillant département de la Sarthe, fameux et digne d'être célébré comme tel, pour sa résistance contre l'étranger ; à Coulmiers, ses mobiles ont été mis à l'ordre du jour de l'armée ; ses francs-tireurs innombrables (de Foudras) se sont fait écharper à Châteaudun, à Josnes, à Nogent-le-Rotrou ; toute la noblesse du pays est aux armées ; le Mans, sa capitale, constitue notre suprême défense ; il semble, en vérité, que tout ce qui restait, dans l'ouest de la France, de foi et de dévouement à la patrie, d'espérance et de force, Dieu l'eût concentré dans ce coin de terre.

Au jour, la colonne s'est formée tant bien que mal sur la place de la mairie. Un ordre de l'amiral Jauréguiberry, — reparti précipitamment pour le Mans, — nous embarque par un chemin de traverse; la grande route, celle d'Ecommoy, est supposée au pouvoir de l'ennemi. La ligne s'augmente à chaque pas de gens pressés qui ont pris les devants, ou de traînards trop friands des délices de Capoue.

IV. — Mayet. — Combat d'Ecommoy.

Notre objectif de la journée est Mayet, gros bourg relié à la grande route du Mans par une voie transversale de trois kilomètres à peine. — L'étape n'est que de cinq lieues, c'est quelque chose! temps affreux, haltes où l'on gèle sur place, des hommes chaussés à moitié, le cuir du soulier à peu près rongé; cette marche n'est qu'un long supplice.

Mayet! halte d'une heure; il y a conseil d'officiers supérieurs; les cavaliers de la division partent à fond de train dans toutes les directions. La population est bonne, très-bonne; un vieillard de l'endroit m'abrite au coin de son feu et graisse ma chaussure toute tordue.

A la nuit tombante, on s'achemine sur Ecommoy, où l'on retrouve la route directe du Mans à

Tours ; entre les deux bourgs s'étend une large forêt. Déjà nous avons fait les deux tiers du chemin, nous sommes en pleine forêt, lorsque le général de Curten nous ordonne de faire demi-tour, de rentrer à Mayet, d'où l'on n'eût pas dû bouger.

A ce moment, une vive fusillade éclate du côté d'Ecommoy.

Nos compagnies d'avant-garde sont engagées. Voici le récit succinct du combat d'Ecommoy, narré au long par le général Chanzy dans son histoire de la *Deuxième armée de la Loire*, d'après les détails authentiques que m'ont donnés le sergent-major Dandel, de la 5e compagnie du 2e bataillon, et le sergent Favier, de ma compagnie, deux témoins d'une sincérité hors de tout soupçon, tous deux mêlés à la bagarre.

Un fort détachement prussien, parti de Parigné-l'Evêque, l'une de nos principales positions en avant du Mans, a surpris dans Ecommoy un bataillon de chasseurs en train de se loger, l'a refoulé sur Mayet, d'où le 27e mobiles l'a ramené de mi-chemin ; puis, à la faveur du désordre, de la panique jetés par sa brusque attaque, a coupé les fils du télégraphe, a arraché les rails de la voie ferrée sur un parcours de cent mètres environ, a brisé la boîte aux lettres et fait envoler ses secrets possibles...

Cette colonne, qui déjà a tourné le bourg, se dispose, comme bouquet de reconnaissance, à appréhender le maire dans sa propre maison. Il est de toute probabilité que ces Messieurs étaient bien renseignés, bien conduits, qu'ils marchaient à une opération de famille; ils avaient d'avance, parmi les quatre à cinq cents maisons, discerné celle du maire. Je crois fort, et cela s'est vu à maintes reprises, qu'un administré mécontent les menait par la bride.

Cependant on s'est vite reconnu; Ecommoy n'est occupé que par huit à neuf cents Prussiens tout au plus, qui se sont dispersés dans les maisons, dans les cafés; la revanche s'est organisée. Et voici qu'à l'heure de leur sécurité parfaite, les francs-tireurs des Deux-Sèvres (une excellente compagnie celle-là), soutenus par nos compagnies d'avant-garde, ont fondu par plusieurs points sur la grande place, où les Prussiens se concentrent à la hâte; les chasseurs, remis de leur surprise, sont entrés en ligne à leur tour; on attaque vivement, on presse, on culbute l'ennemi qui laisse quelques morts, des prisonniers et n'échappe à une destruction certaine que grâce aux ténèbres. Nos pertes ont été légères : un mort, six blessés. Pendant notre retour au point de départ, les compagnies d'avant-garde nous ont ralliés; à onze heures du soir, on rentre à Mayet, que protègent des grand'gardes. Un digne citoyen nous loge dix de la compagnie : festin complet, nuit de noces jusqu'à deux heures du matin. Un bon point dans mon carnet à ce brave Sarthois et vive son vin blanc!

CHAPITRE V.

**Foultourtre. Prise du Mans. — La Flèche.
— Sablé. Bannes et Saint-Jean-sur-
Erdre. La Bazouge.**

I. — Foultourtre. Prise du Mans.

12 janvier. — La fièvre qui a saisi trois de mes hommes pendant la nuit, leurs pieds enflés, ne nous permettent de partir que deux heures après le régiment.

Le régiment est-il retourné sur Ecommoy ou bien s'est-il acheminé par la route circulaire qui, partant de Mayet, coupe les grandes routes du Mans vers le sud et conduit, en tournant par la Suze le sud de la ville, à la grande route du Mans à Laval? Les mobiles du 88e (Indre-et-Loire) ne peuvent me renseigner; en désespoir de cause, nous prenons la route de Pontvallan par laquelle se relient les routes du Mans à Tours, et du Mans à Saumur.

On avance à grand'peine au milieu de la neige à peine foulée; on recrute quelques retardataires trop amoureux de leurs lits cette matinée-là. Nous paraissons si misérables avec nos guenilles, qu'à nous voir les habitants de ce bon pays se prennent à pleurer.

Et ces bulletins de victoire, ces affirmations solennelles lancées aux quatre coins de la France, d'une armée de la Loire innombrable, solide, réorganisée, sans cesse renouvelée, toute brûlante du feu sacré, et trouvant dans d'incontestables succès le gage de triomphes décisifs et proches, que sont-ils devenus? quelle est, au sein de ce chaos, la mesure exacte de la vérité?

Ces soldats exténués, en haillons, mourants de faim au cœur de la France, se traînant en arrière des colonnes, comme ces âmes en peine que le poète fait revenir d'un autre monde; ces soldats réduits à cette misère écœurante et sans nom, qui donc s'acharne à les proclamer victorieux, à tirer un voile permanent sur leurs fatigues, leurs souffrances et la stérilité de leurs efforts? Quels sont donc les habiles qui persistent à tromper le pays sur la catastrophe qui se précipite et par laquelle il peut sombrer? Ces diseurs ont intérêt à cela, voilà tout.

Ce sont ces gens sans aveu, sans probité, sans foi politique, qui, sortis de dessous terre à la faveur de la sublime explosion des forces de la patrie qui ne veut pas mourir, ont recherché et saisi le côté positif de la situation. Aux *énergiques*, aux *glorieux*, le commandement, la mise en jeu des proclamations et des bulletins officiels. Eux sont avant tout gens d'affaires, leur lot de partage n'est point si mauvais ; pour eux les profits, le lucre, la spéculation en grand ; ils taillent, ils rognent sur tout : vivres, vêtements, chaussures. Puisse la justice des hommes les atteindre en ce monde, les frapper en proportion de leur scélératesse ! Je déclare que, contre les hommes de cette trempe, nous, soldats, nous n'aurons jamais assez de malédictions dans la bouche, d'exécration dans le cœur !

Enfin, nous retrouvons le régiment : il a passé par Ecommoy, s'est rangé en bataille un peu en arrière de ce bourg, sur une hauteur qui domine la route, face au Mans, d'où nous arrive l'écho grondant d'un épouvantable duel d'artillerie. A Ecommoy, nous retrouvons notre ami, le sergent Favier, qui, s'étant dirigé de Château-du-Loir sur Ecommoy par la route directe, s'y trouve dès la veille et a fait le coup de feu à la tête de quelques hommes de la compagnie.

A ces grondements sans trève qui nous poursuivent dans notre marche, personne ne doute de la grande bataille attendue sous le Mans, de cette lutte qui, *victoire*, peut nous ouvrir la route de Paris ; mais qui, *défaite*, nous contraindra, soit à nous enfoncer plus avant dans l'ouest, soit à repasser la Loire.

A la nuit, nous sommes dans le joli village de Foultourtre, logés à raison de vingt-cinq ou trente par maison. Lors de l'arrivée, les gens du pays commentent à l'envi une joyeuse nouvelle, récente de quelques minutes : les Prussiens auraient été complètement battus sous le Mans, soixante pièces de canon seraient tombées en notre pouvoir. Pour mon compte, j'y crois peu ou pas du tout : nos gouvernants ont semé tant de poudre, imaginé tant de victoires ; ils amusent notre pauvre France de tant de bruits absurdes, que j'incline à prendre le contre-pied — et à la lettre — du sens de la nouvelle où s'exalte l'imagination troublée de ces citoyens.

Et, d'abord, une réflexion : Foultourtre n'est qu'à vingt kilomètres du Mans ; si l'affaire a bien tourné, ou, sur l'heure, est encore indécise, pourquoi ne pas courir sans désemparer au feu, pour consolider la victoire acquise, se *rempoigner* demain, si besoin est, achever l'ennemi? Une division de troupes fraîches a souvent fixé la victoire, et nous sommes dix mille ici.

Le soir, à six heures, dans un café, j'entends une personne partie du Mans à quatre heures, et pour cause, m'affirmer, sur l'honneur, que le Mans a été pris à trois heures.

Terrible nouvelle : la chaîne non interrompue de nos malheurs va peser sur nous du poids d'un immense et nouveau désastre. Qui en sait la fin prochaine? C'est l'agonie qui commence !

Le Mans pris! mais ce sont nos communications, nos voies de ravitaillement coupées ou sur le point de l'être; ce sont les ressources, les moyens de défense amassés au prix de tant d'efforts, perdus et retournés contre nous; ce sont nos approvisionnements, nos transports capturés; c'est une base d'opérations sûre, d'une force incomparable, tombée aux mains de l'ennemi; c'est l'armée de la Loire frappée au cœur, refoulée, comme autrefois les Vendéens, aux portes de la Bretagne. Ce désastre est peut-être irréparable.

Et quel événement gros de conséquences possibles ! C'est l'incertitude, l'hésitation forcées dans nos mouvements à venir. Le désastre, au point de vue de la force morale, l'emporte encore sur les résultats de la défaite matérielle.

Soit que l'armée se réfugie derrière la Mayenne, ou qu'elle manœuvre en vue d'une jonction avec les forces de Carentan, qui couvrent Cherbourg; soit qu'elle reporte la guerre dans ces provinces du centre où vinrent mourir toutes les invasions, où Charles - Martel brisa l'islamisme, et d'où Jeanne d'Arc s'élança à la conquête du trône de France; à quelque résolution que l'on s'arrête, les épreuves vont grandir, l'espoir tombe par degré. Cette position du Mans proclamée inexpugnable, ce boulevard de l'ouest, nous l'avons perdu.

Ces faits, on les médite, on les pèse : beaucoup voient dans la confirmation trop probable de cette grande défaite, le signe d'autres malheurs, la fin prochaine de la guerre.

13 janvier. — Aujourd'hui, plus de doute ; les

Prussiens sont entrés hier soir au Mans : le général
Chanzy, dont l'âme est de fer, dirige son armée
sur Laval par les routes de Coubans et de Saint-
Jean-sur-Erdre, de Coulie et de Sillé-le-Guillaume ;
il contient partout l'ennemi, lui inflige de rudes
leçons quand il devient trop pressant.

Notre division (3ᵉ du 16ᵉ corps, de Curten) est
coupée du gros de l'armée : les Prussiens, débordant à flots, poussent déjà leurs têtes de colonne
sur Sablé et la Flèche, par les routes du Mans à
Angers et à Saumur.

Notre objectif de la veille était le gros bourg
de la Suze, à seize kilomètres du Mans, sur le
chemin de fer d'Angers.

Nous rabattrons-nous sur la Flèche, et de là
sur Saumur, pour donner la main au général
Cléret, qui garde le val de la Loire ? ou bien, par
d'interminables détours, par des marches de nuit
et de jour, au prix de fatigues écrasantes, tente-
rons-nous de rallier l'amiral Jauréguiberry, entre
le Mans et Laval ? *That is the question*, disent les
Anglais en quête d'une solution. Bref, notre division est en détresse, Chanzy nous croyait prisonniers.

Toutefois, il importe de ne pas prêter le flanc
au torrent envahisseur de l'ennemi qui fait irrup-
tion par toutes les voies débouchant du Mans :
ardent à la poursuite, il rêve un coup de filet qui
livre les débris de l'armée de la Loire.

Tout effort, tout sacrifice a un terme et une

limite : le repos est de rigueur à son heure ; le général de Curten dirige sa division sur la Flèche, que vingt kilomètres séparent de Foultourtre. Toujours la neige et la route glissante ; mais il y a quelque gaieté à l'horizon de ce jour : le soleil apparaît dans un ciel très-pur.

II. — La Flèche.

Il semble que ce nom porte en soi une attraction, un aimant ; on presse le pas, la colonne longue se précipite. La charmante ville de la Flèche est située au centre de la vallée du Loir, entre le Lude et Durtal, au pied de collines élevées, d'aspect gracieux et de fertilité extrême, lui formant le plus ravissant cadre qui se puisse imaginer. — Ces hauteurs lui servent de bastions du côté nord, par où peut surgir l'ennemi. — Le Loir, la rivière de Vendôme, de Château-du-Loir, la traverse et y fait mouvoir d'importantes usines et minoteries. Le commerce, l'industrie, le travail et l'activité des hommes ont apporté leur part de prospérité à ce riant pays, si bien doté par la nature.

La division tout entière, neuf à dix mille hommes, s'est engouffrée dans la ville. Qu'importe, les habitants de la Flèche ont le cœur au niveau de notre détresse : la bienveillance, la générosité, toutes choses si bonnes que tant d'autres se contentent de prouver du bout des lèvres, eux, l'affir-

ment par des actes. Aussi, les portes sont grandes
ouvertes à cette foule en haillons, sans pain,
exténuée. Nous sommes appréhendés dans la rue,
c'est à qui pourra nous accaparer ; on se laisse
faire si volontiers ! nous avons tant besoin de
bons traitements ! En un clin d'œil, tout ce
monde est logé : tel citoyen du lieu, hôte d'une
escouade, la double d'une deuxième. Au nom du
régiment, je mets à l'ordre de nos souvenirs re-
connaissants tous nos concitoyens de ce noble
pays.

Un des hommes les plus considérables du grand
commerce de Lyon, enfant de la Flèche, M. Dabonneau, président de l'exposition de Lyon, si
grosse de résultats prochains si nul obstacle invincible ne l'entrave, a logé, nourri dans son château
dit des Plantes, à quelques centaines de mètres
en dehors de la ville, deux cents hommes du 27°
mobiles qni ne tarissent pas en détails sur sa
brillante réception. Son frère, présent pour lors
à la Flèche, faisait lui-même les honneurs de la
maison : l'hospitalité a été princière et d'un admirable français au château des Plantes : plusieurs
m'en ont causé comme d'un rêve envolé des Mille
et une Nuits. Le souvenir n'en mourra jamais
dans nos cœurs. Puisse cette attestation de sa générosité par un inconnu, porter à M. Dabonneau
l'expression de notre reconnaissance !

Nous étions si dorlotés, si fêtés à la Flèche,

que nous y avons enterré tout écho des fatigues surmontées, fermé les yeux sur l'avenir.

Notre séjour est trop court parmi vous, généreux habitants de ce beau pays. Adieu et merci à vous, M. Jolmais, qui, dans votre demeure, nous avez environnés, Millioz et moi, de tous les soins les plus tendres, des délicatesses les plus ingénieuses. J'évoque, et pour la millième fois, votre souvenir au tracé de ces lignes. Puisse l'ennemi n'approcher jamais de vos murs !

III. — Sablé. Combat de Saint-Jean-sur-Erdre. Bannes. La Bazouge-de-Chéméré.

14 janvier. — Il y avait incertitude la veille sur le point de savoir si la division, marchant sur Angers, irait rallier le général Cléret, qui opère entre Château-la-Vallière et Saumur, ou si elle se rendrait à Laval.

Ce dernier parti était le plus probable : nous dépendons du 16e corps, qui défend la route principale du Mans à Laval, et nous pouvons nous y réunir, soit par la route d'Anvers-le-Hamon, d'Epineux et de Bannes, qui joint la première au plateau du même nom, soit par la route directe de Sablé et Meslay.

A sept heures du matin, la division prend la route de Sablé, qui, par une pente très-raide et longue partant de la Flèche, ne tarde pas à courir sur la crête du plateau, ligne de partage des eaux de la Sarthe et de la Mayenne.

Le temps s'est rembruni et nous fouette de neige ainsi qu'au début de la retraite; le froid est sibérien; nous passons par Louaillé, nom qui sent la Bretagne.

La cavalerie, l'artillerie et la première brigade d'infanterie se cantonnent dans Sablé, j'envie leur sort; je sais quelle sympathique émotion contemplait nos malheureux débris durant leur passage à travers la ville. Un souvenir et un salut du soldat vivant au soldat mort pour la patrie; au centre de Sablé et sur une hauteur qui le commande et ensemble la rive droite de la Sarthe, s'élève le château historique des ducs de Luynes, une famille de héros. Le dernier descendant de cette illustre souche est tombé glorieusement, coupé en deux par un boulet, à la bataille de Loigny (2 décembre), au moment où son exemple enlevait les mobiles de la Sarthe, si brillants déjà à Coulmiers. C'est lui qui, dans la forêt de Marchenoir, sa propriété, alors que se dessinait le mouvement d'offensive qui nous livra Orléans, disait à ses mobiles : « Marchenoir, enfants, c'est « mon buisson, que l'ennemi n'y touche pas ! » Oui, illusion d'un noble cœur, en ce jour glorieux pour nos armes, Marchenoir chassa l'ennemi; mais depuis, il y a passé !

Notre régiment, au soir, se trouve disséminé dans les fermes au nord-ouest de Sablé, entre la route de Coulans et celle d'Epineux. Le pays voisin de la Flèche est presque aussi bon, mais on touche au pays du cidre, et les Dauphinois s'en méfient.

Cette nuit s'est tenu à Sablé, sous la présidence du général de Curten, un conseil de guerre auquel ont assisté tous les chefs de corps.

Notre général, qui a reçu ce matin un télégramme de Chanzy lui ordonnant de marcher en toute hâte au secours de Jauréguiberry, aux prises avec des forces très-supérieures, se voit contraint de refuser à ses troupes le séjour et le repos dont elles ont si grand besoin. Elles subissent depuis six jours des marches forcées, elles sont sur les dents; qu'importe : la nécessité, le salut des camarades constituent la loi suprême : « Chacun pour tous à la guerre, » c'est le vrai proverbe qui, par la solidarité, la confiance, le dévouement réciproques, sauve des grands périls.

Les Prussiens précipitent leur poursuite; n'ayant à parcourir que la corde dont nous parcourons l'arc, ils ont grande chance de nous devancer à Laval; à tout prix il faut les y prévenir.

On repart et dans quelles conditions, grand Dieu ! neige, froid, humidité, marches et contre-marches incessantes, haltes qui vous achèvent, et par-dessus tout cela, les cas fréquents de petite vérole, les fluxions de poitrine, tout le cortége des maladies : quel port, quel asile un peu sûr mettra un terme à nos souffrances ? Les ambulances regorgent et deviennent insuffisantes.

Nous suivons un chemin de grande communication par Anvers-le-Hamon, Epineux, qui joint la route de Brûlon à Laval au plateau de Bannes. Les éclaireurs ennemis sont signalés sur la route et dix mille hommes concentrés à Brûlon épient notre marche ; gardons-nous de nous disloquer, marchons compactes et serrés, terrassons la fatigue, le salut est à ce prix.

La division presse sa marche sur la Bazouge-de-Chéméré ; notre régiment, à qui est dévolue la glorieuse mais redoutable mission de couvrir la retraite, se range en bataille face à la grande route de Laval ; des compagnies se déploient en tirailleurs en avant des fermes qui s'élèvent au centre du plateau ; les réserves restent sur la route ; deux batteries de 4 et de 12 s'établissent sur le rebord du plateau, les mitrailleuses enfilent la direction de Cossé-le-Champagne et de Brûlon.

Le canon tonne à salves répétées dans la direction de Saint-Jean-sur-Erdre ; la bataille dure depuis ce matin. Jauréguiberry, l'homme au cœur indomptable, ne se résigne qu'à grand'peine à la retraite. Il s'arrête à toutes les positions favorables et de là, comme un lion pressé dans son antre, fait face à l'ennemi et ne se retire qu'après des combats acharnés qui le détruisent en détail.

Le village de Saint-Jean-sur-Erdre, qui commande par les hauteurs sa ligne de retraite, et que couvre un cours d'eau, en même temps que le pays accidenté d'alentour permet de parer avec peu d'hommes à des mouvements tournants, a bientôt frappé ses regards et fixé sa résolution. Il a établi son corps d'armée à l'abri de ces défenses naturelles, a attendu là l'ennemi pendant un jour, l'a maintenu pendant toute la journée du 15 janvier, a constamment refoulé ses attaques au centre, et ne continue sa marche à la nuit grosse qu'après avoir jonché le sol, de l'aveu de leurs officiers prisonniers, de trois mille Prussiens morts ou blessés.

Quelques hulans et une ligne de tirailleurs trop hardis sont promptement repoussés par les compagnies d'avant-garde du régiment ; on fait quelques prisonniers et ce n'est qu'après la disparition de la division, à huit heures du soir, que la retraite recommence pour nous.

Nous sommes demeurés quatre heures immobiles dans la neige. L'ordre est de pousser, s'il est possible, jusqu'à Laval. Force est bien, toutefois, de s'arrêter au village de Chémeré, où s'entassent deux bataillons de chasseurs, l'artillerie et un régiment de ligne.

Notre régiment veille par ses 1er et 3e bataillons, qui bivaquent sur la route ; le 2e bataillon, qui a bien droit au repos, couche au château de la Roche-Lambert ; la 6e compagnie du bataillon est toutefois de grand'garde ; à elle toujours la première manche de la partie. Je m'endors très-profondément sur un tas de planches dans une cuisine souterraine, où flambe un grand feu.

A deux heures du matin, un avant-poste de nos hussards culbute une reconnaissance ennemie et lui tue trois hommes.

16 janvier. — Cette journée est écrasante de fatigues parmi toutes les journées de la campagne ; la pluie serrée, les roues de nos transports, de nos canons ont transformé la route en cloaque; les poitrines de beaucoup d'hommes sonnent d'une toux qui vous déchire. Sous peu, les hôpitaux ne suffiront plus dans notre malheureuse France. Ajoutez à cette accumulation de misères, l'infériorité numérique du personnel médical, le nombre fort restreint des voitures d'ambulances, qui trop souvent au lieu de soldats malades et tombant sur les routes, transportaient des chirurgiens, des attachés d'ambulance bien portants, et vous comprendrez, cher lecteur, l'irritation qui se trahissait dans nos lettres. Du reste, l'événement ne l'a que trop prouvé : sans les nombreuses ambulances volontaires et civiles, organisées partout et au prix de tant d'efforts, de tant dévouement, ambulances qui ont été d'un secours si précieux, la plupart de nos blessés seraient restés sans pansement, à la merci de l'ennemi, de l'intempérie de cette saison effroyable.

Au village de la Bazouge, halte d'une heure pour le café sous une pluie torrentielle qui allonge notre eau de châtaigne. La moitié de notre compagnie, passée sous la conduite du lieutenant Mayade par suite d'un accident survenu au capitaine Manuel, se porte en tirailleurs dans les champs à droite sous la direction du lieutenant et de notre excellent sous-lieutenant Paul Chevalier qui, très-souffrant, a lutté jusqu'au bout.

A la Bazouges, alerte de quelques instants, une colonne de dragons prussiens, arrivée par un chemin transversal de Bazouge à la route du Mans, débouche au galop dans le bourg; ces Messieurs étaient en quête de prisonniers. Mais un escadron de chasseurs d'Afrique veille tout près ; les nôtres ont l'œil au guet ; ils laissent les Prussiens s'engager dans une rue étroite et longue, fondent sur eux de toute la fougue de leurs chevaux, les poussent en tête et en queue, les coupent en deux tronçons dont l'un leur reste en main et l'autre s'enfuit au triple galop, laissant plusieurs morts dont un officier.

Au nombre des prisonniers se trouvait le neveu de M. de Moltke, capitaine au 6e dragons prussiens, un jeune homme magnifique, à la tournure audacieuse. Ah! si deux mois plus tôt, et à la place du neveu, on avait appréhendé l'*oncle !*

CHAPITRE VI.

Forcé et Laval. — Combat du Point-du-Jour. — Combat de Saint-Mélaine. — Théval. Changement de positions.

I. — Forcé et Laval.

Forcé. — La colonne est indéfiniment allongée par suite de l'épuisement qui contraint les hommes à cheminer lentement. Le ciel ne nous est pas clément : on dirait qu'à nos désastres viennent s'ajouter, pour achever notre malheureuse armée, la malédiction et le courroux de Dieu. Un pressentiment invincible, pareil à une commotion électrique, nous a fait deviner toute l'étendue possible du désastre du Mans; plus de vingt mille hommes, deux batteries de mitrailleuses, plusieurs centaines de voitures de transport sont tombés aux mains de l'ennemi; la ville a été pillée, écrasée de réquisitions, de contributions en argent; et sans l'énergie, le coup-d'œil de Chanzy, qui a dirigé lui-même la retraite dans tous ses détails, qui a quitté la ville le dernier, sans la ténacité de ses vaillants lieutenants Jauréguiberry et Jaurès, l'armée française, acculée à la Sarthe, pressée par les Prussiens victorieux, aurait subi la honte d'un nouveau Sédan.

Aussi, les plus vaillants ne sauraient indéfiniment résister sous l'accablement, la misère, les souffrances de toute sorte, toutes les causes de faiblesse, presque de désespoir, au spectacle de cette guerre, la plus épouvantable que Dieu ait déchaînée sur le monde, de cette guerre sans trêve, sans fin.

A Forcé, point de croisement des routes de la Bazouge et de Sablé à Laval par Meslay, nous franchissons un torrent débordé, la Jouanne, qui dégrade la route, inonde les prairies. A partir de ce village, nous dépassons les avant-postes de cavalerie gardant le 16e corps, arrivé depuis la veille à Laval. Forcé est au fond d'un immense ravin qui s'ouvre au sud sur Meslay et à l'est sur Bazouge et Vaige : des hauteurs dominent le ravin en s'étendant vers Laval; c'est là un premier rempart couvrant cette dernière ville : on y construit des épaulements de batteries.

Laval. — Enfin brillent les feux de la cité : nous voilà avec trente-deux kilomètres par-dessus le sac, c'est assez; nous sommes à bout. Nous marchons depuis dix jours, à raison de trente kilomètres en moyenne : nous restons debout de dix-sept à dix-huit heures dans la journée; des haltes dans la neige ou dans la boue, des poses qui vous brisent : voilà l'histoire de chaque étape. Nous

avons parcouru deux cent soixante kilomètres de
chemin à travers de nombreux détours, livré trois
combats, dont un très-meurtrier à la sortie de Château-Renaud. Nos hommes à toute cette longue
série d'épreuves et de dangers ont opposé une patience, un dévouement et un courage admirables :
les chaussures déchirées et béantes, pour vêtements des pantalons et des vareuses ébrêchés qui
laissent passer la bise ; c'est ainsi parées que che-
minaieht les légions de 1870 et 1871. On parle
des pieds nus et des sabots de 92 ; cette année a
vu la deuxième édition de ce dénûment chanté par
la littérature dans des drames qui ont rempli nos
cœurs d'émotion, consacré par la peinture dans
les toiles si pittoresques de Charlet : mais toujours
original et grand, ce type je l'ai retrouvé dans nos
jeunes soldats, gardant au sein de leur misère la
bonne humeur, la vieille gaieté gauloise.

Et maintenant, proclamez, monsieur le Ministre
de l'intérieur et de la guerre, dites dans votre
beau langage, qu'à ces soldats, pour vaincre, vous
demandez trois choses : la *discipline*, la *moralité*,
le *mépris de la mort*.

La discipline ? C'est vous qui avez tué le peu
qui en restait de notre affaissement moral, de nos
désastres, en vouant à la colère de leurs soldats,
aux dédains de la multitude, de valeureux chefs
coupables du seul crime de n'avoir pas reçu de
vous des ressources et des moyens au niveau des
triomphes que vous décrétiez dans votre cabinet.

La discipline? L'imposerez-vous par vos discours lorsque par vos accusations d'incapacité, d'ineptie, pour ne rien dire de plus, vous enseignez aux soldats le mépris de tous leurs chefs présents et à venir?

La moralité? Que messieurs les fournisseurs qui opèrent au nom du ministère de la guerre coupent court à leurs spéculations sur les vête- ments, sur la vie du soldat !

Le mépris de la mort? Que certains de votre brillant état-major, secrétaires et généraux en chambre, viennent un peu à nos côtés affirmer par des actes que s'ils savent proclamer, ils savent aussi mourir !

J'ai dit que nous sommes aux portes de Laval : nous attendons trois heures, mais trois longues heures sous la pluie, qui ont soulevé une tempête de jurons et de malédictions. Enfin, on nous lance par la ville avec ordre de se loger comme on pourra; on assigne à chaque bataillon une rue ou deux, suivant l'effectif. Les habitants sont peu em- pressés, on les tire de leur sommeil, et Laval ne m'a jamais paru très-hospitalier. Enfin, après une demi-heure de recherches, une porte charitable vient à s'ouvrir; un brave chef d'atelier loge dix hommes de la compagnie, dix hommes qui cette nuit-là ont couché dans des lits; nuit délicieuse, il y a si longtemps qu'on ne s'était trouvé à pa- reille fête !

A sept heures du matin le charme tombe, le

régiment se porte sur la rive droite de la Mayenne, dans la rue de Rennes, fait quelques kilomètres sur la route de Vitré, puis revient sur la place de l'Hôtel-de-Ville, où il attend les ordres de la journée ; il est midi environ.

Laval présente le spectacle d'une animation, d'une foule extraordinaires ; par toutes les rues qui des collines encaissant profondément la Mayenne aboutissent aux quais de la rivière, débouchent d'incessants détachements qui se croisent, font halte et repassent en fin de compte la rive gauche. Ces troupes forment avec la division de Curten les débris de la grande armée du Mans ; Chanzy, à l'âme haute, au cœur indomptable, persiste à espérer ; ce qui reste de cette armée par lui sauvée d'une destruction complète, il veut le réorganiser, le reconstituer, le conserver à la France en vue des batailles futures : honorable mais triste illusion d'un soldat qui veut combattre sans armée.

Le Mans pris, Laval devenait une position qui devait être défendue à outrance. Laval, tête de la ligne du chemin de fer de Rennes, la seule qui nous restât, nœud des routes d'Angers, Rennes, Cherbourg, permettait de concentrer les ressources, les forces de la presqu'île du Cottentin, d'attirer les troupes formées tous les jours en Bretagne ; une grosse rivière, la Mayenne, alors enflée par les pluies, traversant la ville, constituait en avant des nouvelles positions de l'armée un obstacle dont le passage aurait nécessité une grande opération de guerre. Le pays environnant est très-accidenté, tout de collines élevées et de ravins profonds, coupé de haies, de fossés, de talus qui permettent de retarder longtemps, d'user en détail un ennemi coutumier de manœuvres par masses. A Laval aurait commencé la guerre selon les traditions de la Chouannerie, guerre d'embûches, de guets-apens, de surprises, guerre du chasseur à toute heure de la nuit et du jour à l'affût de la bête fauve qui ravage le pays. Mais c'est parler d'or, la fin prochaine et obligée de la guerre était sur toutes les bouches : la continuer ne serait bientôt plus qu'une sanglante comédie.

II. — Combat du Point-du-Jour.

Notre régiment est massé sur la rive droite de la Mayenne, à l'entrée d'un pont de pierres que le génie achève de miner. Bientôt le général de Curten apparaît à la tête d'un escadron de chasseurs d'Afrique, il traverse le pont, le régiment le suit. Il y a un conseil de généraux au grand quartier général; Chanzy a déroulé la situation dans toute sa gravité, et arrêté sa résolution de conjurer le flot débordant de l'ennemi.

Chanzy a mis sous ses pieds et traité à son juste mérite la prière de la municipalité de Laval qui s'est empressée, aussitôt connue l'arrivée du général, de lui demander l'évacuation de la ville, cette dernière n'ayant pas, disait-on, de fortifications qui permettent la résistance. Chanzy a répondu « que résolu à défendre la ligne de la « Mayenne, parce qu'à défaut de forts et de bas-« tions, la position était solide par la nature, il « garderait Laval envers et contre toutes les muni-« cipalités du monde. » Toutefois il y avait urgence, le danger pressait, les Prussiens précipitaient leur marche par le chemin de fer du Mans et la grande route; leurs têtes de colonnes occupaient Sablé et Meslay.

Les approvisionnements, les munitions, les campements tirés de la débacle du Mans encombraient la gare de Laval, qui est située sur la rive gauche de la Mayenne; il importait au plus haut degré au 21ᵉ corps en station à Mayenne, aux 2ᵉ et 4ᵉ divisions du 16ᵉ, à tout le 17ᵉ, le plus disloqué des trois, de se ravitailler promptement et en toute sécurité. C'est pour couvrir l'embarquement de tout ce matériel que fut décidé le passage sur la rive gauche de la 3ᵉ division du 16ᵉ corps. Le régiment, qui a été d'arrière-garde durant toute la retraite de Château-Renaud à Laval, se trouve en réserve pour aujourd'hui. Je crois avoir suffisamment démontré que cette échéance reculée de coups de fusil tombait pour nous plus tard qu'à notre tour.

Une batterie mixte de pièces de 12 et de mitrailleuses est établie sur un mamelon isolé dit du Point-du-Jour qui commande la gare et ses avenues,

la route de Mayenne, par où nous sommes dirigés,
la voie ferrée du Mans sur une longueur droite de
trois kilomètres et un vallon, dont le creux est un
lac, et qui se prolonge jusqu'à Forcé. Ce vallon se
relève à deux kilomètres et à l'est en un coteau
boisé qui du chemin de fer va se souder, au nord
de Forcé, à la chaîne des collines du Maine. L'ennemi, qui a sondé le bois par ses tirailleurs,
débouche tout à coup à quinze cents mètres de
nos pièces ; il présente une colonne d'environ trois
mille hommes de toutes armes.

Notre 3e bataillon (commandant Frachon) se
disperse aussitôt en tirailleurs le long du chemin
de fer : les 1er et 2e bataillons se massent par
échelons dans le petit hameau du Point-du-
Jour, sur la route de Mayenne, à un kilomètre de
la gare. Un bataillon de la ligne, des chasseurs,
quelques zouaves bordent les haies, se couchent
à l'abri des fossés.

La colonne prussienne croyant l'artillerie isolée,
marche sur elle d'un pas rapide ; nos mitrailleuses
ouvrent le feu à cinq cents mètres, les canons de
12 lancent leurs obus sur la cavalerie, qui opère
un mouvement tournant à l'abri du vallon. Les
décharges portent sans arrêter toutefois l'élan de
l'ennemi ; déjà nos pièces sont sérieusement me-
nacées, lorsque notre 3e bataillon et la troupe de
ligne, s'élançant en masse du chemin de fer, prennent l'ennemi de front et d'écharpe, engagent une
fusillade très-précise de cinquante à soixante mè-

tres, le maintiennent, donnant ainsi à nos canons le temps de régler leur tir. Les éclaireurs prussiens se sont heurtés à notre camarade divisionnaire d'Indre-et-Loire, le 88e mobiles, qui les rejette sur leur infanterie.

L'artillerie prussienne, dont les roues enfoncent de plus d'un pied dans le sol détrempé, est à peine disposée que la nôtre l'écrase d'un feu plongeant et la déloge au bout d'un quart d'heure de sa position. Pendant ce temps le combat se continue d'infanterie à infanterie; les Prussiens, coupés du chemin de fer, qu'ils ont suivi vu la fermeté relative de la voie, sont réduits à défiler sous le feu de nos pièces qui les criblent de projectiles; nos bataillons s'avancent sur la gauche, et le bois offre fort à propos son abri à la reconnaissance trop audacieuse de l'ennemi qui paya sa tentative par cent hommes hors de combat dont un officier supérieur. Il résulta de cet engagement que les Prussiens, prudents et mesurés dans tous leurs efforts même au lendemain d'une grande victoire, avaient voulu s'assurer par eux-mêmes si Laval était défendu. Le général Chanzy n'avait qu'à se louer de sa prévoyance : s'il fût resté tranquille sur la rive droite, les Prussiens auraient pu réaliser à la gare un butin considérable.

III. — Combats de Saint-Mélaine.

Le soir du 17 janvier, le 2e bataillon a retrouvé

son tour de grand'garde; notre compagnie est au poste le plus avancé, dans une ferme à gauche de la route de Mayenne, sur laquelle sont apparus des éclaireurs ennemis; le bataillon bivaque au hameau du *Point-du-Jour*, les fusils aux faisceaux.

Le brave lieutenant Mayade, énergiquement secondé par le sous-lieutenant Paul Chevalier, prévoit une attaque pour demain et peut-être une tentative pour cette nuit. Il dispose ses postes de façon à écarter toute surprise : le principal sur la grande route, avec des sentinelles détachées à cent mètres en avant; un au nord, dans la direction de Saint-Jean-sur-Mayenne, au centre d'un petit chemin creux; le troisième en soutien pour se relier avec les corps qui campent sur la rive gauche de la rivière.

Ces précautions étaient d'autant mieux inspirées que les habitants des environs nous ont prévenus de l'enlèvement d'une cinquantaine d'hommes par les coureurs ennemis à deux kilomètres plus haut. Ces prisonniers appartenaient au 17e corps, serré de plus près dans la poursuite en raison des pertes qui l'avaient désorganisé. Notre grand'garde toutefois s'effectue sans encombre.

Le lendemain, 18 janvier, nous sommes relevés dès six heures du matin; le bataillon est renforcé par le 3e; le 1er bataillon va remplacer le long du chemin de fer, au-dessous du mamelon dont j'ai parlé, un bataillon de la ligne engagé dans l'action d'hier.

Nous étions tranquilles à surveiller notre café,
lorsqu'une canonnade précipitée retentit dans la
direction de Saint-Mélaine.

On nous a envoyé des renforts, et c'était grand
besoin, car une forte division ennemie, au moins
triple de la reconnaissance d'hier, débouche tout
à coup des bois, se jette par le nord du vallon,
en même temps qu'elle inonde de ses tirailleurs
la lisière du chemin de fer ; son intention évidente était de mener à bien la manœuvre échouée
d'hier : envelopper et enlever notre artillerie. Mais
la distance n'était pas si grande que nos mitrailleuses ne pussent battre le flanc du gros de la
colonne. Notre 1er bataillon oppose à l'ennemi
manœuvre pour manœuvre, tirailleurs contre
tirailleurs ; il arrête net le mouvement tournant
commencé par l'ennemi sur sa droite, l'aborde sur
certains points à la baïonnette, et finit par l'acculer entre nos pièces et les bois. Le 88e mobiles
sur notre droite avait contenu la tête de la colonne
prussienne s'avançant en colonne serrée à demi-
distance, et lui avait constamment barré l'issue du
vallon sur Forcé.

La longue ligne ennemie pressée sur ses ailes,
écrasée de front par notre artillerie, ne trouva
son salut que dans une prompte retraite ; ses
canons, en batterie sur une position dominante,
arrêtèrent l'élan de notre infanterie qui déjà gravissait la pente du plateau. Les Prussiens avaient
cruellement souffert de ce combat d'une heure et

demie à peine; notre 1er bataillon comptait une vingtaine d'hommes hors de combat, dont un officier, le brave lieutenant Julhiet, tué d'un éclat d'obus. — Il paraît que de ce jour la conviction des Prussiens fut faite : Laval était gardé, bien gardé. On ne les revit plus.

Le 18 janvier, au soir, le régiment tout entier va coucher à la gare; j'ai plaint cette nuit les gens à névralgies faciles; j'ai dormi dans une caisse de souliers vide, serré comme dans un étau, mais je n'ai pas eu froid.

IV. — Théval. Changement de position.

19 janvier. — Dès huit heures du matin, le régiment se porte sur le champ de bataille d'hier, pousse même au-delà, s'établit à cheval sur le chemin de fer et couvre à une profondeur de quatre kilomètres au moins sur un front de trois kilomètres, la route de Mayenne et la gare. — Devant nous, le sol, par des renflements insensibles, couverts d'arbres rabougris, forme un plateau qui se continue jusqu'à la Sarthe; il était à craindre que l'ennemi ne vînt à déboucher de ce côté à la faveur des bois.

Nous avons fait là pendant trois jours, les pieds dans la neige, le plus détestable service de tirailleurs qui se puisse rêver.

Enfin le 22 janvier, l'ennemi paraissant immobile, on nous cantonna dans le village de Théval, à trois kilomètres de Laval, sur la route de Château-Gontier.

Notre compagnie trouva, pendant deux jours, une hospitalité princière au château des Bois-de-Gama, chez le comte de Roquefeuille, un homme du métier, et sympathique aux souffrances du soldat. — Ce nom des *Bois-de-Gama* sonne agréablement à l'oreille, c'est un nom poétique, mais le séjour n'y dura pas : au milieu des tribulations passées et futures, c'était un rêve...

Nous eûmes une alerte à Théval; le régiment se tint prêt à repousser une attaque partie de Meslay, où stationnait un corps prussien de dix mille hommes. — L'alerte était sans cause bien réelle, on en fut pour ses frais.

On resta huit jours à Théval, huit jours d'appels, d'exercices, de sonneries; on reçut quelques vêtements pour remplacer ce qui était par trop usé; certaines distributions n'avaient plus le sens commun; ainsi nous furent données, pour la première fois, des guêtres. Par ordre du quartier-général, des états, des notes, des monceaux d'écritures se firent et se brûlèrent. La scie du métier se prit à nous mordre pour de bon.

Le 29 janvier, il circulait dans le régiment des bruits étranges; l'un disait que Paris avait capitulé à la suite de l'héroïque mais infructueuse sortie de Buzenval; un autre que l'armée de Bourbaki avait été rejetée en Suisse; un troisième, enfin (chose d'explication difficile), que l'armée de la Loire allait marcher sur Paris.

Un bruit à écho moins étourdissant se réalisa : le 16ᵉ corps remplaçait le 17ᵉ dans ses positions au nord de Laval ; le régiment reçut l'ordre de se préparer à partir le lendemain pour Andouillé.

FIN DE LA DEUXIÈME PARTIE.

TROISIÈME PARTIE

L'ARMISTICE. — NOUVELLES. — ANDOUILLÉ. — PASSAGE DE L'ARMÉE SUR LA RIVE GAUCHE DE LA LOIRE. — PRÉLIMINAIRES DE PAIX.

CHAPITRE PREMIER

L'armistice. — Nouvelles. — Andouillé.

I. — L'armistice. — Situation générale.

Le 1er février, au soir, notre régiment, avec armes et bagages, se dirige sur Laval, où il doit rallier le 23e chasseurs de marche et le 88e mobiles. On sonne la halte, qui se prolonge; puis à l'ordre, le colonel Vial annonce aux appelés qu'un armistice de vingt-un jours vient d'être conclu, et qu'ils aient à en communiquer la nouvelle à leur compagnie.

Armistice! ce mot, comme une traînée de poudre, courut le régiment, et tout le monde de s'en réjouir, je ne le cache ni pour moi ni pour

les autres, à quoi bon ? Et les commentaires
de faire leur chemin. Adieu la guerre, les
marches incessantes, les nuits sans sommeil, les
souffrances, les combats qui détruisent par centaines ! à quand le retour ? A cette question, posée
de l'un à l'autre, lors de notre départ à Tours :
« Reviendrons-nous ? » personne n'osait répondre.

Nous vous reverrons, parents chéris ; villages
qui, durant cette interminable guerre, avez retenti
de tant de sanglots, vu couler tant de larmes !

Je ne sache pas de nouvelle qui ait fait bondir
nos cœurs d'autant de joie, et pouvait-il en être
autrement ? La France tout entière ne devait-elle
pas saluer dans l'armistice l'aurore des jours
meilleurs, l'aurore d'une paix qui devait panser
ses blessures, la relever de ses ruines, de son
abaissement passager, qui permettrait le travail de
reconstitution, d'harmonie à rétablir dans ce grand
corps ébranlé, donnerait le loisir de comparer,
d'étudier les éléments de bien, de force, de stabilité qui pouvaient se rencontrer chez nos vain-
queurs, afin que, une résolution ferme étant
prise, chacun de nous apportât ses efforts, son
dévouement, tout son cœur à l'édification nouvelle de la commune patrie !

Tout homme dévoué à son pays pouvait-il tenir
un autre langage ?

Où en est le pays ? A cette heure qui impose
une trêve à ces égorgements sans exemple, à ces
ruines qui couvrent l'est et l'ouest de la France,

que sont devenues nos armées ? Quelle puissance a gardé l'épée de la patrie?

Voici notre situation dans son implacable réalité, telle que l'ont faite les désastres de ces derniers temps.

Paris, centre de la résistance, vers lequel ont tendu les efforts de la province, citadelle qui semblait devoir immobiliser à jamais la plus grande des armées prussiennes; qui, par trois fois, au nord, à l'est et au sud-est, a tenté de rompre la ligne d'investissement qui l'étreint et qui depuis un mois l'écrase de ses feux, bombardant ses églises, ses hôpitaux, ses monuments, ses bibliothèques; Paris où s'amoncellent les ruines, dont les riches campagnes sont de fond en comble ravagées, qui expire sous la faim; Paris, dont le dernier bouillonnement est allé mourir à Buzenval et qui est en proie aux douleurs, aux rêves atroces de l'agonie; Paris capitulera demain, si ce n'est déjà fait. Que fera désormais Paris pour la France?

Au nord, le général Faidherbe, à la tête d'une trentaine de mille de soldats improvisés, recrutés et organisés dans le coin de terre que n'a pas envahi l'ennemi, a tenté de ronger le cercle de fer qui défend l'accès de la capitale; prompt et audacieux dans sa tactique, leste et osé dans ses manœuvres, il s'est présenté en force et à toute heure à l'ennemi étonné, a lutté des journées entières; puis, insaisissable, s'est dérobé à la nuit dans de sûres

retraites, d'où il s'élancera demain. Mais Faidherbe
a été écrasé à Saint-Quentin, refoulé sous les
murs de Cambrai; ses légions, démoralisées, se
sont débandées, et Faidherbe, pressé de toutes
parts, sera peut-être contraint de demander
bientôt à la Belgique un asile pour les débris qui
lui restent...

Tout espoir est perdu de ce côté : qu'attendre
de Faidherbe?

A l'est, le généreux et brillant Bourbaki a
résolu d'opposer aux Prussiens stratégie pour
stratégie, de couper leurs voies de communication et de ravitaillement, de porter chez eux l'invasion; il a marché dès l'abord au pas de charge,
culbuté la première ligne allemande; déjà il tou-
chait à Belfort, lorsque coupé tout-à-coup de
Lyon par une nouvelle armée prussienne que
Garibaldi n'a pas su arrêter, coupé de ses convois,
il voit s'abattre, sur son armée sans vivres, une
neige et un froid qui rappellent la Bérézina; sa
ténacité, sa fougue se sont brisées contre ces
montagnes dont les flancs vomissent une mort
invisible; la famine et la rigueur du temps déci-
ment cette jeune armée, le dernier espoir de la
France, et Bourbaki, au spectacle de tant de
fatalité, tente de payer par sa mort les souffrances
de ses soldats!

L'odyssée lamentable continue le long du Jura
pour cette armée, mais les frontières hospitalières

de la Suisse s'entr'ouvrent pour la sauver d'une destruction complète...

Près de là, Belfort tire les derniers coups de canon de la France.

A l'ouest, Chanzy, qui a attiré sur lui l'effort de deux cent mille Prussiens, commandés par le premier général d'action de la Prusse, l'a contenu, s'est battu tous les jours, du 4 décembre au 18 janvier; lui a infligé des pertes nécessitant l'envoi de renforts incessants; Chanzy, que la fortune a trahi sous les murs du Mans, qui a rencontré un désastre immense là où il devait vaincre; Chanzy, au cœur indomptable, est acculé aux frontières de Bretagne; son armée est à bout de forces, de confiance, d'espoir; il voulait sauver Paris et il est bien loin de Paris, et Paris se meurt!...

La situation est là tout entière dans sa vérité nue et terrible...

Quel génie saurait ramasser ces tronçons brisés de l'épée de la France, grouper dans l'unité d'action ces débris rejetés aux quatre points cardinaux du pays? La France, avec une abnégation sans exemple, a prodigué le plus pur de son or et de son sang; tant de jeunes gens ont passé des bras de leurs mères sur les champs de bataille, que la patrie ne semble qu'un désert en vue duquel apparaît l'ennemi : la valeur, la patience de ces légions improvisées n'ont abouti qu'à des massacres stériles; des revers, des fatigues inouïes ont brisé le ressort de ce qui reste de cette jeune armée ; le désespoir, l'abattement sont partout.

L'armée prussienne se précipitant comme deux torrents immenses sur Bordeaux à l'ouest, sur Lyon et Marseille au sud-est, les fera rencontrer aux pieds des Pyrénées ; la France entière ne sera plus qu'un vaste camp prussien, et l'on ose élever la voix en faveur de la continuation de la guerre ? Guerre à outrance, n'est-ce pas ? Insensés ! vous ressemblez à ce pilote aveugle qui, saisissant le gouvernail du vaisseau avarié, échoué sur le sable, voudrait le lancer dans un voyage autour du monde, sans exécuter les travaux de radoub qui lui permettent de reprendre la mer...

Et autour de nous je prête une oreille attentive : Angleterre, Autriche, Italie, nulle voix ne s'élève par l'Europe pour répondre à l'appel de la France sanglante ! Partout l'indifférence, l'abandon, le dédain : l'Italie présente à l'empereur Guillaume ses félicitations et ses vœux, donnant ainsi « le coup de pied de l'âne au lion blessé ; » l'Angleterre ne se souvient plus d'Inkerman ; l'Autriche est en coquetterie avec la Prusse ; la France est seule, et bien seule, seule brisée et meurtrie sous le sabre du Teuton qui l'a surprise, envahie, et, à la faveur de la surprise, s'efforce de l'écraser.

Assez de sang, assez de ruines, assez de proclamations et de serments de victoire : la France, par sa résistance héroïque, s'est transfigurée en martyre; l'heure est venue de relever du sol où elle gît, la noble blessée qui s'appelle la France, comme Thiers l'a dit dans son magnifique langage.

La paix est sur toutes les bouches, au fond de tous les cœurs; tous les hommes sincères de la politique et de l'armée reconnaissent que la prolongation de la guerre n'aboutira qu'au ravage des provinces épargnées, qu'à une effroyable hécatombe de cadavres qui joncheront la route de l'ennemi dans son envahissement continué; ce sera le pays ruiné, abattu pour un siècle peut-être. Quel homme oserait assumer cette responsabilité terrible? Il s'est rencontré cependant de ces audacieux : ceux-là fermaient obstinément les yeux sur la situation vraie du pays ; ils songeaient, et de gaieté de cœur, à perpétuer la série de nos malheurs; ceux-là considéraient leur parti et non pas la France !

II. — Andouillé. — Vote. — Préparatifs de départ.

Nous couchons à Laval : les quelques citoyens que j'ai vus ne déguisent pas leur satisfaction. Les Prussiens, décidément, ne viendront pas jusqu'ici, et le moment est choisi en tous points, car une grande bataille se serait livrée sous peu aux portes de la ville.

La Mayenne est le rempart qui a vu s'arrêter la marche de l'ennemi.

Le lendemain, nous continuons notre mouvement au nord de Laval, par les villages de Changé et de Saint-Jean-sur-Mayenne; ce dernier village est un point militaire important : il est assis sur un promontoire isolé, dans une presqu'île formée par la Mayenne et la rivière d'Ernée, dont la vallée s'ouvre sur Saint-Germain-le-Fouilloux et Andouillé.

Le colonel Thiéry, qui commande notre brigade (2ᵉ de la 3ᵉ division du 16ᵉ corps), fait halte à Saint-Jean pour voir filer sa colonne. Ce rude et expérimenté militaire, en homme studieux et attentif au choix des positions, examine le pays de la rive gauche : les exhaussements en sont élevés et abrupts; ils commandent les hauteurs de la rive droite.

A deux heures, nous sommes à Andouillé, petit bourg de douze cents âmes, où s'entassent les trois batteries de la division, le régiment des mobiles de la Haute-Vienne (71ᵉ provisoire), et les 1ᵉʳ et 3ᵉ bataillons du 27ᵉ mobiles. Le 2ᵉ bataillon se disperse dans les fermes avoisinantes : notre compagnie, après des pérégrinations et des détours sans fin au milieu de ces champs coupés de chemins creux très-profonds et de buissons, parvient à se loger dans les deux fermes de la grande et de la petite Durière.

Andouillé fut pour nous un lieu très-monotone : cidre, lard, nourriture très-malsaine : voilà pour la vie; la pluie y fut continuelle, il y eut quelques exercices, il se passa une revue du général de Curten, qui félicita vivement le régiment, lui rappela ses brillants services, l'exhortant à les continuer si le pays consulté choisissait la guerre. Le général disait *si*.... Nous étions bien convaincus que la France opterait pour la paix, et lui-même, dans une conférence militaire à nos officiers, ne cacha point son espérance.

Les élections étaient fixées au 8 février : nous étions appelés à voter pour les députés de l'Isère, à deux cents lieues de notre département. — L'entente était bien difficile entre nous et nos concitoyens, et cependant (résultat d'une irrésistible union dans ces graves circonstances) nos votes concordèrent avec ceux du département : la liste de la paix l'emporta à une écrasante majorité.

L'armistice toutefois s'approchait du terme; des discussions ardentes passionnaient le pays et ébranlaient la tribune : les partisans de la guerre remuaient ciel et terre. La capitulation de Paris était officielle depuis huit jours, et Gambetta, jaloux d'une situation probable qui lui ravirait l'omnipotence, proclamait, proclamait toujours en faveur de la lutte à outrance, de la résistance jusqu'à complet épuisement. Les épaules se haussaient d'indignation à cette parodie par la plume et par la parole d'une guerre impossible, terminée par la force même des choses.

Mais, enfin, la paix n'était pas signée, un soldat doit être prêt à tout événement.

Chanzy, la capitulation de Paris à peine connue, avait arrêté son plan de campagne en vue de la reprise des hostilités ; il l'avait soumis et discuté en conseil des ministres : ce plan fut adopté. Il n'y avait plus à songer à Paris, dont l'armée était prisonnière. La défense, pour la 2e armée, était réduite, soit à disputer la Bretagne et Brest, soit à se jeter dans la presqu'île du Cotentin, pour y donner la main aux troupes de Normandie, et se retrancher dans les lignes de Carentan, en avant de Cherbourg.

Mais rester derrière la Mayenne, conserver nos positions d'aujourd'hui, c'était nous exposer à être coupés du reste de la France, par suite de la marche tournante exécutée vers Nantes par l'ennemi, le long de la rive gauche de la Loire ; c'était, la Mayenne forcée, nous voir contraints à nous enfoncer en Bretagne, à y combattre sans profit pour le reste du pays.

Chanzy développa ces objections : il fut résolu qu'on repasserait la Loire pour s'appuyer, le cas échéant, sur les forces préparées dans le midi : la guerre était portée au cœur de la France ; les montagnes du Limousin, de l'Auvergne constituaient une formidable ligne défensive. Chanzy persistait à espérer. Le départ pour Angers fut fixé au 12 février.

CHAPITRE II.

**Passage de la Loire. — Préparatifs.
— Châtellerault. — Préliminaires de
paix.**

I. — Passage de la Loire. — Itinéraire.

Neuillé. — Le 12 février, à huit heures du
matin, la 3e division du 16e corps se dirige sur
Laval : les hommes marchent d'un pas allègre
et ne sentent presque pas leurs sacs. Les journaux ne nous ont pas appris le résultat des élections, mais on le devine; une pensée invincible
nous souti ent et nous affermit : c'est que la France
entend, par les mandataires de son choix, affirmer sa volonté de paix.

A partir de Laval, la division se fractionne,
chaque brigade suivra une route différente : la
1re, celle de Laval à Château-Gontier, par la rive
gauche de la Mayenne; la 2e, la rive droite.

La colonne s'engage sur la route pavée que
domine le château de Gama : un souvenir en passant à son propriétaire généreux. La pluie ne
nous quittera plus jusqu'à Neuillé-sur-Vicoin. Le
bataillon se disperse dans la campagne pour coucher dans les fermes; un meunier nous donne

l'hospitalité la plus agréable du monde : notre sommeil est de plomb en dépit de l'orage et du clapotement des eaux du Vicoin contre les roues du moulin ; à cela rien d'étonnant, nous avons trente-sept kilomètres sur le dos.

Chemazé. — La deuxième étape, moins longue de trois kilomètres, nous conduit au nord de Château-Gontier, dans le village de Chemazé, où couchent l'artillerie, la cavalerie et les mobiles de la Haute-Vienne. Notre régiment se jette à travers champs, par d'affreux chemins, et s'éparpille dans les logements assignés à l'avance par les adjudants-majors et les fourriers d'avant-garde. Notre compagnie, grâce à Milloz, notre fourrier, rencontre bon gîte, bon feu et cidre à discrétion ; le vin était moins cher déjà qu'à Laval : on s'en est passé une petite fantaisie, l'épuisement de nos bourses écartait toute crainte d'excès.

Grenneville. — Aujourd'hui, 14 février, nous rattrapons, par des courbes nombreuses, la grande route de Laval à Angers. En passant dans un petit village, nous avons présenté les armes à la première vigne aperçue depuis de longs jours. Le ciel est pur, le soleil chaud, radieux; le paysage s'égaie : sur les deux côtés de la route, ce sont de vastes prairies, gracieusement encadrées par les bois peu étendus qui couronnent les hauteurs. Nous sommes dépassés par les régiments

de gendarmerie; tous chantent à gorge déployée
« l'Elixir du docteur Grégoire. » C'est tout naturel, on approche des pays d'où il sort.

Voici le Lion d'Angers, gros bourg situé dans
une admirable position, sur la rive droite de la
Mayenne. Les généraux, l'état-major, les gendarmes, la cavalerie doivent y coucher; l'infanterie
pousse jusqu'au petit village de Grenneville qui,
impuissant à la loger tout entière, s'en décharge
sur les fermes, dans la campagne.

Juigné. — L'étape d'hier était rude, celle d'aujourd'hui sera courte; nous comptons nous arrêter à Angers, qui n'est qu'à vingt kilomètres.
Le pays devient magnifique à mesure que la ville
se rapproche : la campagne, riche et admirablement cultivée, nous montre quelques-uns de ces
moulins à vent si nombreux dans la Beauce.

A cette vue nous revient le souvenir du pauvre
meunier des Bardons, dont le moulin, le 7 décembre 1870, vit ses ailes emportées par le premier boulet prussien. A notre gauche apparaissent, toutes blanches et baignées dans des flots
de lumière, les collines qui regardent couler le
Maine, tandis que bien loin, à notre droite, l'horizon, gouffre sans fond, fuit vers la mer.

Angers assiste au passage de toute l'armée de la
Loire : troupes de toutes armés stationnent sur
les quais, sur les trottoirs. La Loire, démesurément enflée, fait refluer les eaux du Maine qui

battent les contre-forts du château des ducs d'Anjou, du bon roi René. La foule nous contemple avec sympathie : elle espère avec nous que tout va finir. Les spahis arabes obtiennent un grand succès par leurs voltiges étourdissantes.

Notre division dépasse les Ponts-de-Cé, dont nous admirons le travail hardi et solide.

Nous voilà sur la rive gauche de la Loire : le sol s'élève pour former un plateau graniteux; encore les moulins à vent.

A huit kilomètres d'Angers, sur la route de Doué, nous trouvons enfin notre gîte d'étape ; c'est Juigné, charmant village, qui nous traite en enfants gâtés; c'est le pays du vin blanc, et on y fit honneur, trop honneur.

Lignières. — Le 16 février, une marche de vingt kilomètres nous conduit au village de Lignières : hospitalité aussi large qu'à Juigné, réception magnifique. Quel bon pays! et combien on jetait d'imprécations à la Mayenne, à son cidre, à son lard, à ses chèvres!

Doué, 17 février. — Quinze kilomètres parcourus lestement, sans halte ni repos, nous amènent à Doué, où doit coucher la division : dix mille hommes s'entassent dans une petite ville de trois mille habitants. Le patriotisme des habitants fait face à tout · je remercie cette excellente population.

Doué occupe le sommet du plateau qui commence à la Loire ; la vue est magnifique. Dans le rocher est creusée une deuxième ville où la première pourrait trouver asile : on dirait les catacombes. Doué est l'un des points les plus riches du beau département de Maine-et-Loire. Nous faisons séjour à Doué : quelques-uns en profitent pour aller à Saumur.

Thouars, 19 février. — Nous traversons l'extrémité sud-est du Maine-et-Loire, au milieu des plus belles campagnes que puisse rêver un paysagiste : ce ne sont qu'ondulations savantes du sol, sur lesquelles le regard tremble ainsi que sur les flots légèrement agités de la mer, et qui vont mourir à l'horizon inondé de soleil.

A midi, nous passons sur le département des Deux-Sèvres; nous saluons la jolie rivière du Thoué. A deux heures, Thouars en fête nous reçoit. Je ne sache pas de petite ville en France, marquée à l'égal de Thouars au coin de l'originalité et de la grandeur.

Qu'on imagine un rocher isolé d'un massif par un abîme profond de cent pieds au moins, une rivière bleue comme l'azur, tranquille et unie comme un lac, coulant sans vitesse apparente au fond de ce ravin ; puis, au-dessus du rocher, des constructions blanches, correctement alignées, et le magnifique château des comtes de Thouars, dont les pieds baignent dans la rivière.

Deux rochers immenses surplombent la rive gauche, couverts de villages hardis qui ne sont que les faubourgs de Thouars.

La ville était très-forte au moyen-âge. Vendéens et républicains s'y rencontrèrent en 93, dans plusieurs combats meurtriers. Les habitants y sont d'une affabilité extrême.

Saint-Jean-de-Sauves, 20 février. — Une longue marche de trente-cinq kilomètres nous conduit, après de nombreux détours, au village de Saint-Jean-de-Sauves : le pays est d'aspect uniforme. Nous avons salué le village de Moncontour, célèbre dans les guerres de religion.

Belfoi, 21 février. — Des plaines du bas Poitou nous retrouvons à Mirebeau un plateau élevé qui n'est qu'un contre-fort des montagnes de la Marche. Mirebeau, par sa situation sur un point dominant la plaine à plusieurs lieues à la ronde, à l'intersection des routes de Loudun, Châtellerault, Poitiers et Saumur, est d'une grande importance stratégique. C'est le quartier général assigné au 24ᵉ corps, en prévision de la continuation de la guerre.

Le 24 février était jour de mardi-gras : le petit village de Belfoi se montrait presque gai ; notre présence y ramena l'entrain des bonnes années. Un forgeron nous régala, Milloz et moi ; ses souvenirs de vieux soldat se ravivèrent : la France, en son temps, faisait sa glorieuse conquête de l'Algérie.

Traverzée, 22 février. — Les habitants de ce charmant village nous ont fait la conduite à plusieurs kilomètres. Nous descendons du *haut pays*, comme ils disent, dans la vallée du Clain, que traversent la route et le chemin de fer de Tours à Bordeaux. Des trains de fourrages remontent vers Châtellerault : serait-on résolu à continuer ? Consolons-nous, ce ne sont que des précautions.

Nous voici sur les bords du Clain que nous traversons au village de Dissé : des officiers d'état-major prennent des notes, relèvent la topographie du pays. Trois quarts d'heure après, nous étions au village de Traverzée, au centre des hauteurs qui séparent les bassins du Tain et de la Vienne.

Le pays est favorable en tous points à une guerre de partisans, de détails : ce ne sont que mamelons couverts de bois épais, que sentiers impraticables, que ravins.

Nous avons attendu à Traverzée l'ordre de mouvements ultérieurs en repassant quelque peu nos manœuvres, en fourbissant nos armes ; des cartouches nous furent distribuées.

II. — Châtellerault. — Préparatifs.

Nous sommes au 25 février, l'armistice expire demain soir à minuit : la prolongation de cinq jours n'a pas été renouvelée : le devoir d'un général est de se préparer à toute éventualité.

En conséquence, la 2e brigade, concentrée en amont de Dissé, repasse le Clain et se porte sur la grande route de Bordeaux, au village de la Tricherie, où le colonel Thiéry prend la tête de la colonne. La 1re brigade est partie à cinq heures pour Châtellerault. Nous traversons le hameau des Barres à quelque distance du confluent de la Vienne et du Clain, laissé à quatre kilomètres à droite.

A midi, au bout d'un long ruban poudreux, Châtellerault nous apparaît assis sur les deux rives de la Vienne, au pied des montagnes dénudées qui encaissent la rivière. A l'entrée du faubourg de la rive gauche, la brigade tout entière se masse par divisions dans une vaste prairie : les faisceaux sont formés, la sonnerie *à l'ordre* appelle d'urgence auprès du colonel Thiéry les officiers supérieurs, chefs de compagnie et sergents-majors de la brigade, et alors, entouré de tout ce monde, le vaillant colonel, dont la vigueur intelligente est connue de toute l'armée, prononça de sa voix militaire les paroles suivantes, dont je garantis sinon le texte littéral, du moins le sens :

« Messieurs, je vous ai convoqués pour vous
« communiquer les dispositions de combat qui
« intéressent la 3e division du 16e corps, et plus
« spécialement la 2e brigade. Je dois vous dire

« tout d'abord que j'ignore absolument la situa-
« tion politique dans laquelle nous sommes à
« cette heure. Quoi qu'il en soit, l'armistice ex-
« pire cette nuit; notre devoir est d'être prêts à
« recommencer la lutte demain, si les circons-
« tances nous y forcent.

« La 1re brigade, avec deux batteries de 4,
« occupera la route de Richelieu; la 2e brigade,
« avec la batterie de mitrailleuses, se portera sur
« la route d'Ingrande, à hauteur de ce dernier
« village, pour y attendre les ordres ultérieurs
« de la division, dont le quartier général reste
« provisoirement à Châtellerault. Plus tard, sui-
« vant les mouvements de l'ennemi, la 1re bri-
« gade se rendra à Danger et à Pont-de-Pyle, non
« loin du confluent de la Vienne et de la Creuse;
« la 2e brigade occupera la route d'Ingrande à la
« Hays, Descantes et le col de Thuré; à la divi-
« sion est confiée la défense de la grande route de
« Châtellerault.

« Nous avons assisté à bien des combats, sup-
« porté de rudes épreuves : que notre résolution
« en sorte plus vigoureuse, que nos cœurs et nos
« âmes se préparent avec ce calme, ce sang-froid
« nés de la conscience de sa valeur, de sa force;
« rompus aux hasards de la guerre, instruits par
« une cruelle expérience, nous saurons continuer
« la guerre, et surtout nous la ferons mieux. Je
« ne doute pas que vos hommes ne partagent

« notre conviction à cet égard, et, quoi qu'il arrive,
« espoir et confiance ! »

Le mâle langage du colonel Thiéry ne retomba
point sans écho dans nos cœurs ; mais personne
n'y trouva l'annonce certaine de la reprise des
hostilités. En route, un journal circulait de main
en main, qui proclamait une prolongation de trois
jours. Toutefois, les troupes de la brigade can-
tonnée dans le faubourg de la rive gauche y furent
consignées : on pouvait partir dans la nuit ; on se
coucha presque certain d'être réveillé par une
sonnerie de départ.

III — Préliminaires de paix.

On dormait avec ce courage que donne une
longue étape dans la poussière, et voici qu'à minuit, précisément à l'heure où devait retentir le
premier coup de canon, un bruit extraordinaire,
un vacarme étourdissant de fenêtres qui s'ouvrent,
de gens qui se précipitent par les rues, de questions, de réponses entre-coupées qui se heurtent,
se croisent comme un feu roulant, nous arrachent
en sursaut des planches nues où reposaient nos
membres fatigués.

On enjambe quatre à quatre les marches d'es-
calier, on s'élance dans la rue en quête de nouvelles. « C'est fini ! crie-t-on de toutes parts. »
Le ministre Jules Favre vient d'envoyer la dépêche suivante :

« Suspendez les hostilités sur toute la ligne;
« ordre semblable a été donné aux divers corps
« de l'armée allemande. »

Et nos cœurs de se dilater à l'aspiration d'un
bonheur espéré mais pas sûr, et nos mains de se
serrer. Et, pour bien asseoir, ancrer la nouvelle,
la soustraire aux discussions, quelques-uns courent à la mairie, transcrivent la dépêche, la lisent,
la relisent aux questionneurs innombrables. « C'est
fini! bien fini! »

Nous avions, il y a quinze jours, l'espérance de
vous revoir, parents bien-aimés : l'espérance aujourd'hui s'est changée en certitude; c'est le soleil
resplendissant après un jour douteux.

Reste la consécration par l'Assemblée nationale
de ces préliminaires de paix; mais l'issue de son
vote est sûr : on a là-bas le sentiment vrai, profond du pays; c'est à la paix qu'on demandera de
le relever de ses ruines, de lui rendre le repos,
la stabilité, la richesse, la grandeur.

Nous demeurons huit jours à Châtellerault. La
France, dans l'intervalle, a affirmé par ses mandataires sa volonté de paix : on parle déjà d'un
licenciement prochain de la plus grande partie de
l'armée. En attendant, comme calmant à notre
désir de liberté, comme trêve à nos commentaires
impatients, on nous impose de nombreux exercices : on fait mine de reprendre par le pied notre
instruction militaire; mais la pensée se détournait
des armes.

CHAPITRE III.

**Danger. — Sainte-Maure. — Désarmement.
— Le retour.**

I. — Danger.

Une rumeur très-accréditée annonçait que l'évacuation de l'Indre-et-Loire étant commencée, le
régiment occuperait certaines localités de ce département, à mesure que les Prussiens les abandonne-
raient. Tours semblait destiné à nous revoir pour
la quatrième fois.

Le 5 mars dernier, la 2e brigade remonta les
deux rives de la Vienne par les routes qui se croisent au pont de Danger.

Le 74e mobiles (Haute-Vienne) se cantonna à
Saint-Romain, sur la rive gauche ; le 27e mobiles à
Danger et aux Grandins, sur la rive droite. Le pays
était bon, la vie aisée et pas chère. Notre compagnie trouva au château du baron de Kersaint une
générosité, une bienveillance qui s'affirmèrent
par des actes ; les vivres de campagne n'étaient
pas régulièrement distribués et il en manquait ;
le châtelain, ancien officier, nourrit pendant trois
jours la compagnie tout entière. Nous quittons à

regret ce château hospitalier pour Sainte-Maure, notre nouvelle résidence.

II. — Sainte-Maure.

Durant le parcours de Danger à Sainte-Maure, nous contemplons à loisir les positions qui devaient être notre champ de bataille ; la vallée de la Vienne, assez large, est dominée à droite et à gauche par des hauteurs alternativement nues et boisées. Nous traversons les Ormes, Pont-de-Pyle, tête de pont sur la Creuse, sur la limite de la Vienne et de l'Indre-et-Loire. Près de là et à gauche, la Creuse et la Vienne mêlent leurs eaux ; le confluent de ces rivières était destiné à une lutte acharnée.

Dans nos rangs cheminent les anciens soldats, nos instructeurs et nos maîtres, qu'un ordre mal compris avait désarmés hier et qui ce matin ont dû reprendre leur fusil à Danger. Ces vieux amis rageaient, et je confesse qu'il y avait de quoi. Sainte-Maure a été évacué il y a trois jours par les Prussiens : là stationnait l'avant-garde de l'armée de Frédéric-Charles. Les réquisitions de ces gens-là ont épuisé et mis à sac le pays ; tous les jours défilent des batteries, des régiments de cavalerie envoyés à Paris ; l'encombrement est extrême ; les habitants ne savent à quel saint se vouer. Ils ont fait leur possible ; c'est une justice à leur rendre.

III. — Désarmement.

Nous savons que l'armée de la Loire est dissoute, que les régiments sont abandonnés à eux-mêmes. Ce licenciement annoncé pour la garde mobile avait commencé déjà pour les *mobilisés*. Dans la nuit du 16 au 17 mars, une sonnerie appela les fourriers ; c'était pour copier l'ordre de désarmement, l'annonce officielle de notre départ dans nos foyers, la date de ce départ fixée au 20 mars, notre itinéraire de route.

Le 18 mars nous retournons à Châtellerault, où s'effectue la remise de nos armes, de nos munitions, de notre campement. Nous couchons au village de Target. Combien nos sacs étaient légers ! Cette nuit du 19 au 20 mars fut pour tous pleine de charmes, tout entière au bonheur du retour...

IV. — Le retour.

Quelle joyeuse journée que le 20 mars ! le 27e mobiles, les sacs artistement préparés, le bâton de voyage à la main de tous les hommes, s'achemine d'un pas léger, au milieu d'un concert retentissant de toutes les vieilles chansons du Dauphiné, vers la Creuse, qui le sépare de son gîte d'étape pour ce soir.

Je ne veux point fatiguer d'une nomenclature monotone le lecteur étranger dont les yeux s'ar-

rêteront à ces lignes ; ces lignes, je les ai dédiées
à mes camarades de régiment, afin que dans cette
transcription de mes souvenirs chacun de nous,
ramenant devant lui sa vie militaire, pût embras-
ser d'un coup d'œil les faits et gestes de notre
régiment du départ au retour.

A considérer ces visages animés, cette exubé-
rance d'ardeur et de joie, ne dirait-on pas que
sur cette route et se dirigeant vers le foyer qu'ils
croyaient ne plus revoir, se meuvent, dans toute
la fougue d'une résurrection à la vie, les enfants,
les camarades aimés, que dans leur tendresse
parents et amis avaient pleurés si longtemps, et
dont un certain nombre avaient été comptés parmi
les morts.

Peut-être trouvera-t-on puérile cette insistance
sur la gaîté de notre attitude : je ne sollicite point
l'indulgence. Ceux-là ne la comprendront jamais
qui, n'ayant pas été combattants dans cette terrible
guerre, n'ont pu goûter les enivrements qu'ap-
portent la certitude de la sécurité, l'approche
d'une vie tranquille et reposée, l'absence de tant
d'épreuves qui, toujours renouvelées, vous met-
taient la mort dans l'âme.

La date de notre départ est le 20 mars, celle de
notre arrivée au chef-lieu du département le
12 avril. Notre colonel aurait désiré nous y ramener en soldats; du moment que la route se fait
à pied, nous aimons mieux le fusil dans l'arsenal
de Châtellerault que sur nos épaules.

Nous traversons le centre de la France : l'Indre-et-Loire, le Berry, le Bourbonnais, la Loire, le Rhône.

Un simple souvenir à chacune de ces nombreuses étapes ; le temps nous presse, nous brûlons d'arriver ; que de fois notre pensée a passé et repassé sur ce parcours !

Prénilly, 20 mars. — Joli bourg, habitants très-hospitaliers.

Châtillon-sur-Indre, 21 mars. — Mon appréciation est la même.

Buzançais, 22 mars. — Réception ultra-bonne, population qui n'est égalée que par celle de Beaugency et de la Flèche.

Châteauroux, 23 mars. — Patrie du général Bertrand. L'encombrement de troupes persistant rend les habitants un peu tièdes.

La Châtre, 24 et 25 mars. — Jolie ville ; on y fait séjour, et on s'en trouve bien. Je n'ai que du bien à dire de ce pays.

Cullan, 26 mars. — L'amoncellement de 5,000 hommes dans ce bourg de 1,500 âmes, nous enlève le droit de nous montrer exigeants.

Montluçon, 27 mars. — On s'y promène avec plaisir, je ne puis en dire du mal.

Montmaranet, 28 mars. — Même jugement que sur Montluçon.

Varenne, 29 et 30 mars. — Idem.

La Palisse, 31 mars. — Belles campagnes, jolie ville, citoyens à l'avenant.

Saint-Martin-d'Estréaux, 1er avril. — Idem.

Roanne, 2 avril. — C'est le dimanche des Rameaux, la ville est en fête ; l'étape et son gîte ne manquent pas d'agréments.

Saint-Symphorien-de-Lay, 3 avril. — Haut pays, habitants très-sympathiques.

Tarare, 4 et 5 avril. — Campagnes pittoresques, séjour très-supportable.

L'itinéraire de la route à pied allait jusqu'au 12 avril : je m'arrête à Tarare et la raison la voici : les hommes étaient impatients et leurs parents plus qu'eux, du retour au foyer; les travaux retardés faute de bras les appelaient, les autorités fermaient les yeux sur l'ordre de la marche à pied jusqu'au bout, maires et chefs de gare visaient et délivraient permissions et billets à quart de place ; la gendarmerie laissait passer en riant ; aussi à partir de Châteauroux et de Montluçon, du jour où le chemin de fer reparut, ce fut une défilade si générale, si soutenue, qu'à Tarare il ne resta pas cinquante hommes au régiment ; les derniers prirent le train dans cette ville. Le 8 avril, tout le monde était au pays.

Puissions-nous n'en être jamais arrachés par une tempête semblable à celle que nous avons traversée!

FIN DE LA TROISIÈME PARTIE.

RÉCIT

SUR LES

ÉVÉNEMENTS DE DIJON

DU 27 AU 30 OCTOBRE 1870

————•∘⋅∘⋅∘∘————

Le 2 novembre 1870, j'ai lu dans un journal de
Lyon l'entrefilet suivant, de moitié à l'adresse du
27ᵉ mobiles : « Les mobiles de l'Isère et de la Loire,
« dont quelques-uns seulement ont faibli pendant
« que leurs camarades se battaient courageuse-
« ment à Talmay, sont rentrés ce matin à Lyon. »

Aux intéressés la charge, le devoir et le droit
de se défendre. J'ignore les faits et gestes des
mobiles de la Loire en avant de Dijon et sous
Dijon, je les crois victimes autant que nous d'accusations imméritées ; je suppose toutefois que
plus d'une voix s'est élevée parmi eux, qui a dit
vrai et les a vengés.

Je viens ici rétablir les faits, en tant qu'ils nous
concernent, dans leur scrupuleuse exactitude ; je
viens aussi discuter par toutes ses faces la part

que s'est efforcée de faire retomber sur le 27ᵉ
mobiles l'opinion publique faussement rensei-
seignée, ou systématiquement malveillante en
certains lieux, dans ce qu'on est si sottement
convenu d'appeler « *la débandade de Dijon.* » Je
serai sincère, je serai vrai ; c'est de la discussion,
a-t-on dit, que jaillit la lumière : j'exposerai les
accusations de faiblesse qu'on nous a prodiguées,
prouvant ainsi que notre régiment ne les craint
pas.

Du reste à chaque chose son jour et son heure ;
vainement la calomnie tâche de vouer à l'indignation et au mépris populaires des bataillons qui
ont fait leur devoir, dont la solidité a été hautement attestée par le général Chanzy, et par le
témoignage écrit adressé à notre colonel de tous
les généraux qui les ont commandés. Un jour ou
l'autre la justice se lève, son action et sa puissance
apparaissent, démasquant les courages menteurs,
les réputations surfaites, proclamant le mérite
vrai.

Aussi l'événement, auquel déjà j'ai fait allusion,
que certains journaux et dépêches, et sur leur foi,
gens de discours et de commentaires, tacticiens
en chambre, ont qualifié de « débandade de Dijon, »
ce qui en bon français revient à dire « fuite et
« abandon de Dijon par les troupes chargées de
« le défendre, » cet événement, dis-je, je le ra-
conterai sous un jour qui ne laissera pas d'étonner
bon nombre de personnes.

J'exprime toutefois dès ce moment l'espoir que de l'examen consciencieux et raisonné des causes de cet événement malheureux sortira une impression nouvelle, absolument contraire à la définition d'alors et que je traduis par ces mots : « Expulsion par la ville de Dijon des troupes « venues pour la défendre. » — Voici les faits :

Le général Werder, bombardeur fameux de Strasbourg, avait culbuté à la Burgonce le petit corps d'armée improvisé du général Cambriels, qui, n'écoutant que son courage, n'avait pas hésité à s'arracher d'un repos mérité par de cruelles blessures reçues à Sedan.

Werder, maître de Vesoul et de Gray, menaçait à la fois Dijon par Pontailler-sur-Saône, et Auxonne et Dôle par Pesmes en tournant la ligne de Belfort, Montbéliard, Besançon ; il pouvait donc à toute heure déboucher au cœur de la vallée de la Saône, se répandre dans ses riches campagnes, réquisitionner, piller, ou bien, en masquant Auxonne, marcher droit sur Lyon : la Côte-d'Or, aux vins de feu, miroitait dans l'imagination de ses soldats comme la terre promise, Dijon devint son objectif. Le temps pressait, l'action immédiate était urgente, Dijon devait être défendu à tout prix.

En conséquence, dès le 18 ou 19 octobre, le général Bressolles, commandant à Lyon, donna l'ordre de concentrer entre Dijon et Gray, autour

8

de Pontailler-sur-Saône, toutes les troupes disponibles dans son commandement.

Le régiment de l'Isère occupait alors les localités suivantes : le 1er bataillon, Fontaines-lez-Dijon ; le 2e, Montbard ; le 3e, Nuits-sous-Beaume. Le 20 octobre, le régiment se trouve concentré dès deux heures à Dijon ; le 1er bataillon part immédiatement pour Pontailler-sur-Saône ; le 3e se dirige sur Fontaine-Française, route qui se soude à celle de Langres : le 2e bataillon couche à Dijon ; il prend le lendemain à sept heures la route de Pontailler.

Notre première étape est dure : pas de grande halte, trente-trois kilomètres s'avalent tout d'une traite ; à Pontailler halte d'une heure et demie ; à huit heures du soir nous marchons par les hauteurs qui dominent Pontailler sur le village de Drambon, notre gîte pour la nuit.

Le 21 octobre, — c'était un dimanche, — alerte : on perçoit très-distinctement des coups de feu dans la direction de Pesmes occupé par deux mille Prussiens ; nous revenons à Pontailler pour y demeurer immobiles toute la journée ; le soir, retour à Drambon.

Le 22 nous campons dans les bois de Maxilly, plus avant dans la direction de Gray.

Pontailler, avec les hauteurs qui le surplombent et commandent le cours de la Saône et l'immense plaine qui s'étend au-delà de la rive gauche, avec les deux bras de rivière qui l'enserrent comme une île où l'ennemi ne saurait pénétrer que par d'étroits passages, avec les forêts qui masquent la route de Gray, avec les routes qui de là conduisent à Dijon, Gray, Besançon, Auxonne et Dôle, Pontailler, dis-je, que traverse le chemin de fer de Gray à Auxonne, constituait une tête de pont, un point centre de voies de communication dont la possession importait à de grands intérêts.

Sept à huit bataillons de mobiles, — indépendamment de notre régiment qui campe en première ligne, — défendent Pontailler avec deux bataillons de mobilisés de la Côte-d'Or.

Le 23 octobre, dès sept heures du matin, le régiment tout entier se dirige par Saint-Sauveur et Talmay sur la forêt d'Essertenne dont la traversée exige trois quarts d'heure : des abattis d'arbres bordés de tranchées barrent la route sur une étendue de plus de huit cents mètres.

On dépasse Essertenne, village assis au débouché de la forêt, au pied des hauteurs boisées commandant le cours de la Saône et le chemin de fer d'Auxonne, et se prolongeant jusqu'à Gray. A moins d'un kilomètre d'Essertenne, la route, après avoir coupé un large vallon, passe sous un viaduc et remonte la rivière.

Nous sommes en première ligne : le 1er bataillon se porte à Mirebeau, point important, sommet de l'angle formé par les routes de Gray et d'Essertenne, qui se croisent en ce lieu ; le 3e, revenu de sa pointe hardie sur Fontaine-Française, occupe le front de la forêt; le 2ᵉ déploie ses tentes dans un bois à niveau du remblai du chemin de fer, les replie et vient camper dans la forêt qui s'étendant au sud-est du village, permet de surveiller la rivière sur un parcours de quatre à cinq kilomètres.

Le temps est horrible; une pluie froide et torrentielle, des emplacements boueux pour nos tentes, pas de sacs, des musettes suspendant en un coin les marmites et les grands bidons battant un son triste comme celui d'une mandoline, des fusils à piston sans bretelles et trente cartouches mouillées, sans annonce ni espoir de renouvellement.

Oui, nous sommes restés quatre jours dans ces bois, quatre jours qui glaçaient les courages, d'où naissaient le dégoût, la prostration et les fièvres.

Etant données la situation par bataillons du régiment, les positions confiées à sa garde et consistant dans les suivantes : garde du passage de la Saône, des deux routes qui de Mirebeau et Essertenne mènent à Pontailler, passons au chef dirigeant.

A Pontailler commandait le général ou colonel Lavalle, médecin de Dijon, et investi, grâce à ses convictions bien connues de républicain de la veille et de patriote ardent, de l'autorité du commandement en chef sur toutes les troupes chargées de défendre Pontailler et de couvrir Dijon.

Ces élévations soudaines, ces brusques transfigurations d'un paisible médecin en homme de guerre tranchant du Murat, n'ont été que trop fréquentes dans la période de la guerre ultérieure à Sedan. En ce temps-là des discours patriotiques, souvent déclamatoires, enflammaient les âmes, exaltaient les imaginations ; la victoire se décrétait dans les cabinets, on voulait vaincre, pour vaincre il fallait des chefs. Et comme les généraux de l'ancienne armée avaient été les uns enveloppés dans le désastre de Sedan, les autres bloqués dans Metz ou Paris, les déclarations, les affirmations se prirent à pleuvoir dru comme balles en un jour de bataille et firent juger pour des sauveurs certaines gens qui n'étaient rien moins que soldats : Lissagaray, journaliste, au camp de Toulouse ; Spuller, inspecteur du camp de Nevers, etc., et tant d'autres noms moins retentissants. C'est ainsi que dans certains départements on vit des personnages dont la main n'avait jamais porté l'épée, ordonner, commander, imposer leur volonté à des hommes du métier, militaires experts, dont les cheveux avaient blanchi au service de la patrie.

Ces quelques lignes ne sont que la défense des principes qui doivent présider à la bonne constitution des armées. Je n'attaque point la personne de M. Lavalle, je respecte ses opinions, mais jamais je n'admettrai qu'en aucun temps et pendant le triomphe d'un parti politique quelconque, l'adhésion entière et bruyante aux idées qui règnent aujourd'hui, constitue une raison légitime de renverser l'ordre des choses et de faire d'un médecin un général.

Mais revenons au régiment.

Dans la matinée du 26 octobre, des indices certains nous révélèrent l'approche de l'ennemi. Une reconnaissance de francs-tireurs qui se dirigeait sur Gray fut attaquée à mi-chemin et rejetée sur Essertenne. Un peloton de hulans avait saisi, à la nuit tombante, quatre habitants du pays pour les emmener dans les bois de Mantoche, où campait l'avant-garde du corps stationné à Gray.

La plupart des compagnies restèrent, six heures durant, disposées en tirailleurs sur la lisière des bois qui de la Saône et du chemin de fer s'étendent jusqu'au village d'Essertenne. Tous les bateaux de la Saône avaient été coulés bas : seul un pont suspendu restait intact. C'est en vain qu'à la guerre on pense à tout excepté à une chose ; le point oublié est précisément celui par lequel l'ennemi vous surprend. Un feu immense allumé par des mains inconnues brillait à notre gauche dans la direction de la Saône, projetant une clarté sinistre sur les bois d'alentour. Nous avons appris depuis, à nos dépens, que ce feu avait masqué le passage de la rivière par les Prussiens, et que trois mille d'entre eux s'étaient glissés sournoisement dans les bois les plus rapprochés de la Saône. Le caporal Billard de la 7e compagnie, à la tête d'une dizaine d'hommes, surveillait une route qui de la Saône aboutit, par l'extrémité sud de la forêt d'Essertenne, au village de Talmay. Le lendemain, 27 octobre, Billard signale les casques à pointe dans le bois au-delà de la route. Le commandant Boutaud, du 2e bataillon, se porte à cheval seul sur la route de Gray ; par son ordre, le lieutenant Thermoz, de la 6e compagnie, se dirige avec cinquante hommes sur la route de Gray avec la mission de l'éclairer le plus loin possible. Ce brave officier s'avançait en toute sécurité : rien ne trahissait la présence de l'ennemi, lorsqu'à un coude de la route, à l'entrée d'un petit hameau, il est accueilli par un feu très-vif de mousqueterie. Il rend décharge pour décharge ; mais tout à coup, s'allongeant sur la route qu'elle couvre à perte de vue, apparaît, sur huit hommes de front et les rangs serrés, une immense colonne prussienne. La 6e comptait des pertes : une quinzaine d'hommes tués ou blessés. Le lieutenant Thermoz, renseigné sur la marche et la force des Prussiens, se jeta à travers champs et réussit à sauver d'une mort certaine les trente-cinq hommes qui lui restaient, grâce aux accidents de terrain et aux bois qui le dérobèrent à temps à la fusillade intense de l'ennemi. Le caporal Berthier et quelques hommes de la 6e qui s'étaient démesurément avancés, se trouvèrent enveloppés par trois colonnes prussiennes. La présence d'esprit de Berthier les sauva après des fatigues et des dangers sans nombre.

Cependant les compagnies du 2e bataillon sortent de leur campement et reçoivent l'ordre, par suite de la difficulté de leur concentration, de se porter en troisième ligne, en arrière de la forêt d'Essertenne, dont l'ouverture sur le village et les abords sont défendus par le 3e bataillon, le commandant Cadot à sa tête. Cet homme d'expérience et d'énergie a pris dès le matin ses dispositions de combat; il a disposé ses compagnies à cheval sur la route de Pontailler, à l'abri d'obsatcles naturels. Sa ligne est assez étendue pour ne pas être tournée; enfin, il s'est ménagé une ligne de retraite sur Talmay; c'est dans ces dispositions qu'il attend l'ennemi. A ce moment, il était alors neuf heures du matin, deux coups de canon donnèrent le signal de l'attaque, et les colonnes prussiennes, sortant des bois, s'avancèrent résolûment par pelotons serrés à distance entière, couverts d'une double ligne de tirailleurs, les pleins de la deuxième répondant aux vides de la première. Alors l'artillerie prussienne se porta sur les hauteurs qui dominent Essertenne et commandent les routes de Mirebeau et de Pontailler pendant que la cavalerie battait les éclaircies de terrain. L'infanterie prussienne s'avançait d'un pas rapide avec un ordre magnifique à travers un vallon qui débouche au-dessus du village.

Les tirailleurs accablaient de leurs feux le village, et une compagnie de francs-tireurs ne tarda pas à battre en retraite. L'intention évidente de l'ennemi était de tourner la forêt par le nord et de nous couper la retraite sur Pontailler. C'est alors que le commandant Cadot dirigea sur le flanc de l'ennemi une fusillade qui l'arrêta court ; mais ce fut pour attirer sur lui l'effort principal de l'ennemi. Un combat très-vif s'engagea à moins de cent mètres, et durant près d'une heure, le 3e bataillon contint l'ennemi. Deux officiers furent blessés : le lieutenant Kléber et de Sérézin, une trentaine d'hommes atteints.

Le commandant Cadot avait trouvé du reste de vigoureux auxiliaires dans ses officiers; les soldats avaient rivalisé d'ardeur, et songez que c'est avec des fusils à piston, avec des cartouches mouillées que ces hommes avaient si vaillamment résisté. Le commandant du 2e était resté durant toute l'action aux côtés du commandant Cadot.

Pendant ce temps, le 2e bataillon se trouve concentré ; le 3e bataillon se retire ; on dépasse le village de Talmay que viennent d'abandonner les mobilisés de la Côte-d'Or.

Douze cents Prussiens entrent dans Talmay, brisent la boîte aux lettres et le télégraphe, et saisissent trente otages.

Cependant les bataillons de mobiles réunis à Pontailler se sont acheminés sur Talmay ; nous mêmes nous faisons demi-tour ; un mouvement offensif général se prépare.

Le général Lavalle paraît sur la ligne du chemin

de fer, brandissant un fouet d'un air vainqueur,
et nous disant :

« Allons ! mes amis , ils ne sont que trois cents :
« il n'y en a pas la moitié d'un pour chacun de
« vous ! »

On marche rapidement de façon à cerner Talmay ; mais les Prussiens décampent prestement en
emmenant leurs otages.

Les bataillons reçoivent l'ordre de regagner
leurs anciens cantonnements. Nous allons par une
pluie battante coucher au château de Drambon.
Le lendemain , tous les corps reçurent l'ordre de
se diriger les uns sur Auxonne , les autres sur
Dijon ; le 3e bataillon et ceux qui ont couché à
Pontailler se rendent à Auxonne ; le 2e bataillon
arrive le 28 octobre , à onze heures du soir, à
Dijon.

La ville était pleine d'animation et de bruit ;
on ne se cachait pas pour nous dire que
Dijon ne voulait pas se défendre et avait souscrit
par avance une contribution d'un million, et que
toutes les troupes venues dans ses murs en
seraient expulsées. Je ne croyais pas à la vérité
de ces assertions, lorsqu'à deux heures du matin
le rappel et la générale retentissent dans toute la
ville. Toutes les troupes , ligne, chasseurs et mobiles , se réunissent sur la place des ducs de
Bourgogne , littéralement pavée des cartouches
jetées par la garde nationale. A trois heures du
matin , la colonne tout entière se dirige sur Beaune

par un temps affreux. A Nuits, nous trouvons le 1er bataillon en marche depuis vingt-six heures consécutives et qui, au prix de fatigues excessives et de dangers heureusement surmontés, revient intact. A Beaune chauffe un train dans lequel on nous embarque dès notre arrivée et nous arrivons à Lyon à quatre heures du matin, et beaucoup de Lyonnais de dire que les mobiles de l'Isère ont les ailes de l'oiseau, puisqu'ils ont parcouru en une nuit les deux cent vingt-cinq kilomètres qui séparent Lyon de Dijon.

Telle est l'histoire sincère et véridique de la « *débandade de Dijon.* » Eh quoi! des troupes viennent dans une ville avec la pensée et la résolution de la défendre; cette ville les chasse et ces mêmes soldats, mal armés, manquant de tout, des ordres supérieurs les appellent dans une ville pour se réorganiser, et la clameur publique, qui ne veut jamais entendre la vérité, les accable de son dédain et se livre, à leur sujet, aux divagations les plus absurdes...

Personne n'a faibli, si ce n'est la ville de Dijon, et que la responsabilité de la reddition retombe sur ceux qui avaient par avance livré leurs remparts!

Quelques jours plus tard, le 30 octobre, un homme de cœur, le colonel de gendarmerie Fauconnet, qui avait remplacé Lavalle le 28 octobre, se porta d'Auxonne à Dijon à la tête de 2,000 hommes de ligne ou chasseurs et un bataillon de l'Yonne. Il soutint un combat très-honorable à l'entrée de Dijon, paya de sa vie son dévouement à la patrie. Les Prussiens entrèrent le soir même à Dijon.

J. REYNAUD.

TABLE DES MATIÈRES

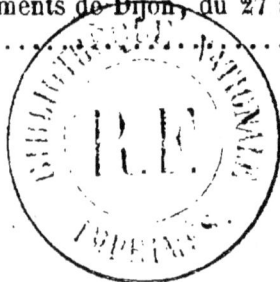